自分らしくなれる「ソトママ」幸せなママの新しいカタチ

ソトママ編集長
松本 ゆうや 著

好きな色の靴をはいて
虹色の街を歩こう!

YUYA MATSUMOTO × 1万年堂出版

はじめに

あなたは、毎日、子どもや家族のために走り回っているママ、あるいはこれからママになろうとしている人でしょうか？

それとも、忙しく働くママを心配している、家族や友だち？

いずれにしても、この本を手に取ってくださって、ありがとうございます！


――ここで突然ですが、ママであるあなたに質問です。

あなたは、小さな子どもがいるのに、バリバリ仕事をしたり、習い事や趣味を楽しんだりしているママたちは、

「私とは違う、遠い世界の人だ」

と思っていませんか？　あの人はお金持ちだから、才能があるから、美人だから自分とは違うと……。

正直、彼女たちのなかには、そういう人もいるでしょう。でも、実はその多くが、あなたと同じように、家庭の主婦としての現状や子育て、夫との関係、果ては自分の将来に悩み、苦しんだり泣いたりしてきた人ばかりなんです。

この本では、そうした**ママをしながら自分の人生を楽しんでいる彼女たちが、どんなことにつまずいて、どうやって起き上がり、いまの幸せをつかみ取ってきたのか**を紹介します。

子育てや毎日の生活に追われて疲れているママや、

「私の人生は、こんなはずじゃなかった！」

と悩んだりあきらめたりしているママたちが、**いまよりもっと自由に、元気になるためのヒント**をたくさんつめこみました。あなたもきっと、

「なんだあ。私がいま悩んでいることと、全然変わらないじゃない！」

と、びっくりすると思いますよ。

――ごあいさつが遅れました。はじめまして。実業家の松本ゆうやです。

「なんで実業家が、ママ向けの啓発本を出しているの？　あやしい！　なにか売りつけようとしているんじゃない？」

「なにをしている人だか、よくわからない人だわ」

人にはよくそう言われます。でも大丈夫。壺を売りつけたりはしませんから（笑）。

本書をまとめることになったのも、私が行っているさまざまな事業のなかの、広告代理店の社長としての仕事がきっかけでした。

それは、あるママ向けＰＲの仕事でのこと。社会でバリバリ活躍している何十人ものママさんたちと出会い、そのとても元気でいきいきとした様子に、少し面食らったくらいだったのです。

しかし、彼女たちの話をよく聞いてみると、最初から順風満帆で表舞台を歩いてきたわけではなかったんですね。みんな自分を、「どこにでもいる普通の主婦」と言い、子どもとの生活や仕事との両立に悩んだり、「私はダメな母親だ」と、落ち込んだりしていたと言うのです。

そして、彼女たちが、

・つらい思いをしていたこと

・そこでどう生きていくべきかを、いつも考えていたこと

・だけど最後は、「やるだけでしょ！」と、立ち上がったこと

などをうかがい、話は大いに盛り上がりました。

「ソトママ」――私はそういうママたちを、こう呼ぶことにしました。みんな自分自身を大切にしながら、子どもや家族、世の中の誰かのために行動してきたのです。

そんな彼女たちに、がぜん興味をもった私は、自分の人生を元気に歩んでいるソトママたちに会いに行きました。その数は、ゆうに100人は超えるでしょう。

するとやっぱり、みなさん最初は、**子どもと家庭で手がいっぱいで外に出られない普通の主婦（ウチママ）だった**のです。

ソトママたちは口々に言います。

「悩んでいるウチママがいるのなら、役に立ちたい！」

お金のためではなく、かつて自分が救われたから、夢や活力をもらったから、いま行き詰まっているウチママたちに伝えたいのです。

「私でもできた。**誰でもハッピーになれる**から大丈夫！」

「**無理や我慢なんて必要ない。やるだけ。**それが最高にハッピーだから」


女性だからこそ、ママだからこそ、誰かのために行動できる――すてきですよね。

彼女たちは、男性と比べても社会性があって、つねにまわりに意識が向いている。だから自分がうまくいったら、

「ちょっと、これ、いいわよ！」

と、みんなにお裾分けしたくなるんです。


そうしてすっかりソトママファンになった私は、純粋に彼女たちを応援したくなりました。そして思ったのです。

「ソトママが、どうやってウチママから抜け出したのか、そのヒントやノウハウを知りたいママは、たくさんいるんじゃないか？」

実際、さまざまなイベントでソトママの話をすると、多くの人たちから、

「元気になった」
「やる気が出た」

などの前向きな感想がたくさん集まりました。そうして、本書の企画が動き出したのです。

もし、あなたがいま、迷ったり悩んだり、なにかにつまずいたりしているのなら、ソトママたちの経験をヒントに、新しい一歩を踏み出してみませんか？

――本書は、4部構成になっています。

第1章では、ソトママたちにウチママ時代を振り返ってもらいます。ママって本当に大変。子どもがいるからだけでなく、夫や家族、ママ友との関係など、ママにとっては「あ、こういうこと、あるある〜」と感じることがいっぱいあるはずです。

第2章では一歩進んで、「日々の生活以外でやりたいことがあるのに、それができ

ないのはなぜ？」というところを掘り下げていきます。日常生活のなかには、たいしたことでもないのに解決できないことが、たくさんありますよね。それらを「些細なこと」と片づけずに、もう一度考えてみましょう。

第3章は、ソトママたちが〝はじめの一歩〟をどうやって踏み出せたのか。そのきっかけや、その後のステップをどう積み重ねていったのかを、紹介します。

第4章では、ソトママたちがいま、どんなふうに過ごしているか、ウチママ時代と〝心のあり方〟はどう変わったかなどを教えてもらいます。

ソトママたちはいまも進化しつづけています。この先、どんなことをしたいのかということも、知りたいところですよね。

ここで最後に一つだけ、言っておきたいことがあります——この本の目的は、お金持ちになったり、キレイになったり、社会で成功したりすることではありません（結果的にそうなってしまったソトママもいますが）。

あなたがあなたらしく、あなたの人生を生きること。

それが一番の目的。要は、

〝いかにして、本当のあなたを取り戻すか――〟

ということなんです。

さあ、それでは！　ようこそ、ソトママの世界へ！

あなたの毎日が、少しでも多く、ハッピーと感じられるようになりますように。

ママだからこその、あなただけの人生を、ハッピーに生きましょう！

令和2年8月

ソトママ編集長　松本　ゆうや

自分らしくなれる
「ソトママ」もくじ

はじめに 3

第1章 ママたちはがんばりすぎている！

ママって、本当に大変なんですね …… 18
〝不幸の種〟は小さいけど山ほどある …… 22
ママたちは自分の人生をあきらめている？ …… 25
仕事に復帰したくても思うように働けない …… 29
家では夫婦の関係は対等でなくなる⁉ …… 32

「あとは全部ママ任せ」の孤独 …… 38
夫への期待値は下がる一方⁉ …… 40
悩みを打ち明けられる人がいない …… 43
けっこう面倒なママ友問題 …… 47
ママ友らしき人とのつきあいは大変 …… 50
「できない」のは私がダメだから？ …… 53
ほしいのは解決策じゃなくて共感 …… 56
いまの人生にプラスオンしよう！ …… 58

第2章

ソトに行きたいけど、やっぱり無理かも

思うように動けないハードルはなに？……62
夫の理解が得られない……70
母親の〝呪縛〟が苦しい……76
「こうあるべき」に縛られてない？……79
ここからが本番、選択肢は増えている！……85

第3章 大丈夫、いけるよ！ ウチママ脱出のポイント

「ダメかも」と感じる壁でも乗り越え方がある……92
〝自分らしさ〟を振り返ってみよう……97
身近な人に話を聞いてみる……102
自分のスケジュールを見直してみる……110
ママ友とのちょうどいい距離感……114
踏み出せない理由を考えてみる……119

もっと人に頼ればうまくいく……128
家族とはきちんと話し合う……137
目標がはっきりしているとうまくいく……143
〈自分軸〉をもつと動けるようになる……146

第4章 人生はケーキバイキング、もっとハッピーになろう！

かなえたい未来は人それぞれ。もっと好きに生きよう …… 154

ソトママのコミュニティーが楽しそうなワケ …… 164

大丈夫、無理しないで少しずつ羽ばたけばいい …… 177

あなたの人生はケーキバイキング …… 183

本書の協力ママ一覧 191

第1章

ママたちはがんばりすぎている！

ママって、本当に大変なんですね

「あなたは、どんなママですか？」

私は、つながっている数百人のソトママたちに、よくそう聞きます。
すると、みんな口を揃えて、
「どこにでもいる、普通のママですよ」
と言います。

バリバリ活動しているように見えるソトママたちも、自分にとっては当たり前の日常であり、普通と感じているようです。そして、そんなバリバリなソトママたちも、みんな同じ思いをもっていることにも気づきました。

「温かい家庭をつくって、いいお母さんになりたい」

「理想のお母さんになりたい」

これは**自己犠牲ではなく、【ママ】という役割が、自分の人生のなかで本来やりたいことの一つなのだということ。**

子どものためにできるだけいい環境を用意したり、家族のために栄養バランスのとれたおいしい食事をつくったりすることで、子どもや夫に喜んでもらうのが、自分にとっての幸せであり、かなえたい人生の一つと思っているんですね。すてきだと思いました。

それでも日常のなかでは、

「あ、オムツがきれてるわ」

「夕飯のおかずの、あれが足りない！」

といった、目の前にある細かいことに追われたり、なにかしていないことはないかと、つねに気を使ったり……。

そんなどんなに小さなことでも、日々積み重なっていくと、本来、幸せに感じていたことも、〝やらされている感〟のあることに、だんだん変わってきてしまいますね。

そのモヤモヤ感を放置しておくと、

「私って、なんなんだろう？　誰かのためだけに使われている存在？」

と感じて、つらくなりますよね。

たとえば「おなかが減った〜」と子どもに言われたら、なにかをやっていても手を止めなければならない。晩ご飯の用意も、子どもの様子や旦那さんが帰ってくる時間など、**家族のペースに合わせていくと〈自分軸〉、つまり自分のペースがなくなってしまいます**。これは、ママにとっては一番大変なことなのではないでしょうか。

当たり前の作業でも、ビジネスの世界だったら、給料という報酬があるので納得しやすい。でも家庭では、誰の助けも得られず孤軍奮闘だったり、「ママだったら、やるのが当たり前」と思われていて、「ありがとう」の一言すらなかったり……。

それでは自分を認めてもらえていないような気がして、〝不幸の種〟を生むばかり。

日常にうんざりしてきて、喜びを感じられなくなってしまいます。

ましてや、

「私ばっかり……」

と思うようになると、毎日がさらに憂鬱でしんどくなりますよね。

子育てを一緒にするはずの旦那さんは、夜、仕事から家に帰ってきては翌朝また出ていくだけで、ママは自分の自由な時間なんてあったもんじゃない。

実際、外にうまく出られない「ウチママ」たちのなかには、そんな毎日にうんざりして、しんどく感じている人が多いでしょう。そんな気持ちをもってしまっているのは、本当に不幸ですよね。

生活ができていないわけじゃないから、「どん底」とまではいかないけれど、自由を感じられず、少なくとも不満に思うことはたくさんある——その不満は、どんなウチママでも感じているので、ママ同士の会話では、

「ウチでは、全部私がやっている……」

というのが、憂鬱なグチ話として出てくることがよくあるようです。そして、

「私ばっかり……」

と思っているママの、なんと多いことか！

〝不幸の種〟は小さいけど山ほどある

ウチママたちに不幸の理由をたずねてみると、いろいろ出てきます。

「出かけたいけど、『その間、子どもの面倒は誰が見るんだ？』と言われる」

「夫は、休みの日でも子どもの面倒を見てくれない」

「美容院に何カ月も行けていない」

「今シーズンは、自分の服を買えていない」

「子どもの保育園のことは、全部私がやっている」

「夕飯の準備をしたのに、帰ってきた夫から『食べてきたから、いらない』と言われる」

「毎日の晩ご飯のメニューを考えるのが、しんどい……」

たしかに、それぞれを見ると、そんなに大きな〝不幸の種〟には思えません。けれども、これら一つひとつのことを、誰にも相談できず、解決もできないまま一人溜め込んでいったとしたら……？　どんなに小さなことでも、溜まっていけば心が重くなって、しまいには誰もが不幸と感じるようになってしまいます。

つまり、**一つひとつが小さいからこそ、**

「私が我慢すればいい」

「誰もやってくれない。私がやらなきゃ」

「これくらい、一人でがんばってみせる！」

と、自分に言い聞かせてしまうんですね。そうなる前に誰かに相談して解決すればいいのですが、なかなかできませんよね。これが不幸の本質なのではないでしょうか。

実は外にうまく出ているソトママたちは、こうしたママたちの本質的な悩みの解決がとても上手。問題に対する心のもち方やスタンスのとり方が、すごくうまいのです。

というのも、彼女たちは**自分の気持ちに素直に、イヤなことは「イヤ！」と認識してやめる、あるいはやらない方法を探すから。**

「私はどうありたいのか？」

ということを明確にイメージして、それを自分のものにしようとするのです。


では、そういったソトママのポジティブなスタンスは、どうやったら手に入れられるのでしょうか？

ウチママから見ると、ソトママはなんでも器用にこなすので、魔法使いのように感じている人も多いでしょう。

けれども**彼女たちも、最初からそれができていたわけではない**のです。

ここから少し、ソトママたちにウチママ時代のことを振り返ってもらいましょう。

あなたにとっても、きっと、

「あ、私にも、あるある！」

「そうそう！　そうなのよ！」

と、共感できることがたくさんあると思います。

ママたちは自分の人生をあきらめている？

これまで、座談会やアンケートで100人以上のソトママに協力してもらいましたが、**一口に「ソトママ」と言っても、100人いれば100とおりの人生があります。**当然のことながら、彼女たちが歩んできた道や求めている幸せの形は、みんな異なります。

子どもがいても、仕事をバリバリしたい人もいれば、逆に子どもが小さいうちは、ずっと家で一緒にいたいという人だっています。

また、いまでこそわが道を見つけていきいきしているソトママたちも、最初から自分が望んだ生活を手に入れていたわけではありません。

そこでまずは、ソトママたちが自分以外の「誰かのため」だけにがんばっていたウチママ時代の話を聞いてみましょう。

いきなり重い話になります。いまでは考えられないことですが、少し前までは、結婚したら、ましてや子どもができたら、女性は仕事を辞めて家庭に入るのが当たり前の世の中でした。

そこまで時代をさかのぼらなくても、結婚や妊娠によって、それまで積み上げてきたキャリアをあきらめた人も少なくないでしょう。

ソトママの多くは、ママになる前は会社員だったりフリーの専門職だったりと、なんらかの仕事に就いていた人がほとんどでした。

彼女たちに、そのへんの事情を聞いてみました。

20代のときは海外在住の営業職で働き、一時は国際協力の仕事もしていました。でも、もっと海外で働きたいと思っていたときに妊娠・出産。子どもができてうれしい半面、自分が歩みたい道を選べないもどかしさも感じていました。〔地元マ

マのネットワークを運営しているソトママ〕

新卒で大学の職員として就職しました。30代になって責任ある仕事を任されるようになったのに、夫が転勤に。迷いながらも退職して彼についていったけど、いまなら違う判断をしたかも。〔フリーの秘書事業を運営しているソトママ〕

スポーツクラブのスタッフは、妊娠が発覚した時点で辞めなきゃいけないんです。お客さまになにかあったときに、責任ある対応がとれないので。〔スポーツクラブ勤務のソトママ〕

一方、会社からの圧力で仕事を辞めたり、仕事が減ってしまったりした人もいます。

ネイルサロンの店長をしていたときに、妊娠が発覚。会社に伝えると、社長からは「責任感がない」と激怒され、「産んだら戻るな！」と言われた。〔営業代行をしているソトママ〕

フリーランスなので、妊娠を告げたらいきなり仕事を切られた。それは私の体を心配してのことだったのかもしれないけど、それからは妊娠していることを内緒にして仕事を続けた。〔フリーランスの写真家のソトママ〕

結婚もそうですが、女性にとって子どもをもつことは、人生を変えてしまうほどの大きな出来事。子どもを産むことは大事業なんですね。それを背負う女性は、やっぱり大変だと思います。

しかし、このことはソトママにとって、人生の一つの選択肢にすぎませんし、ゴールでもありません。ここからみなさん、不死鳥のように復活していくのです。その話はまた別の章でお話しします。

仕事に復帰したくても思うように働けない

妊娠をきっかけに仕事を辞めたけれど、すぐに復職したいと望む人はとても多いでしょう。しかし、

「もう一度、仕事に就きたい」

「会社に戻りたい」

と思っても、実現できなくて苦しんでいる人はたくさんいます。

これまでがんばって築き上げてきたキャリアがあっても、自分を取り巻く環境が変わっているので、すぐに以前と同じように働くことはなかなかできません。

また、会社での仕事を辞めないで、そのままがんばりつづけても、育児休暇から復帰したときに、同じポジションに戻れなかったり、部署が異動になったりすることもあります。

仕事への復帰という点だけを見ても、ママたちはたくさんの悩みを抱えていました。その理由として、能力に衰えが見えたから復職できなかった、という人はほとんどいませんでした。

一度退職して、子どもが1歳のときに人材紹介会社に登録。「年収は、出産前の半分になるのを覚悟するように」と言われた。再就職のときのSPI（Synthetic Personality Inventory 会社の採用試験などに用いられる総合適性検査の一つ）試験の勉強も大変で、「なんで私は産休・育休をとらないで、会社を辞めてしまったんだろう？」と後悔の日々だった。〔大手人材紹介会社に再就職したソトママ〕

出産して、育児休暇のあとに会社に復帰したんですが、子どもが病弱だったために離職。家に入ると、それまであった親などの外部の助けがなくなり、どんどん気持ちが内向きになり、自分を見失ってしまった。〔元教師で現在は絵画教室を運営しているソトママ〕

育児休暇中に、会社が倒産してしまった。〔ネイリストのソトママ〕

高度経済成長期のころとは異なり、いまは夫婦共働きが当たり前の世の中。ママだって立派な稼ぎ手です。

それでも、**「家のことはママがするもの」という風潮が、いまだに社会に根強くあるのは、残念ですが事実**です。

家では夫婦の関係は対等でなくなる⁉

子どもが生まれると、夫婦関係も否応なく変わってきます。

子どもの世話に加えて、旦那さんの面倒も見て……と、ママは大忙しです。


子どもに手間がかかるのは仕方がないとしても、旦那さんの場合、たとえば、

「今日は晩ご飯、いる？」

と、朝出かけるときに聞いても、返事がなかったのでつくっておいたら、夜帰ってきて、当然のように、

「いらない」

と言われるとか……。

なかでもアイロンに関する問題は、いろいろあるんですよね。

たとえば、旦那さんから、

「今日着たいのはこっちなのに、アイロンがかかってないじゃない！」

と言われる。いつもの服にはちゃんとアイロンがかかっていることにさえ気づかないくせに、かかっていないほうを選んだあげく、

「なんで、アイロンをかけておいてくれないんだ！」

って言われる……と、もう、事例がいっぱい出てきます。

小さいことですけれど、

「こっちの身にもなってよっ！」

と言いたくなることが、本当にたくさんありますよね。

そこで私がママたちに、

「なんで旦那さんに、そのことを言わないの？『協力してよ』って言えばいいのに」

と聞くと、

「言ってもムダ！」

という返事が返ってくるんです。

言う前にあきらめている……、あるいは「自分の役割だから」と思い込んでいるん

ですね。

本当は言いたいんだけど、

「働いて稼いでいるのは夫で、私は家庭を守る役割だから」

「それができない私は能力が低い、と自分で思ってしまう」

となるんです。旦那さんだってできることなのに、結局自分がやってしまい、不公平感だけがあとに残る……。

あるソトママは、

「夫と私は対等だよね」

と思ってはいたけれど、

「世間的には専業主婦のほうが夫より下みたいなイメージがあって、その呪縛から逃れるのがすごく大変だった」

と言っていました。これは多くのソトママが共通して感じていたことのようです。

ここで、実際に彼女たちにはどんなことがあったのか、具体的な話を聞いてみましょう。

✦外資系の会社員からフリーランスの通訳講師になったAさん

私は結婚前、外資系の会社に勤めていたので、収入は多かったんです。結婚後は、子育てもあるのでフリーランスの通訳になりたいと思い、ある日、夫に黙って会社を辞めました。


夫は会社員当時の私より給料が低かったこともあって、彼からは、

「フリーランスになっても、家にお金を入れろ。子どもの教育費もお前が出せ」

と言われました。


でも、フリーランスになると、仕事は不安定。収入は激減するし、子どもの塾代などを払いつづけられるのかと、すごいプレッシャーでした。

「夫がもう少し教育費を入れてくれたら、私も自分の好きなことができるのに」

って思いましたね。

私は自分だけでなく、子どもが、

「これ、したいなあ。あれ、やってみたいな」

と言ったときに、そのチャレンジを応援してあげられるお金がいつもあるように、仕事をできる状況をつくりだすのが、現在の私の役目だと思っています。

とはいえ、フリーランスの通訳は、大きなイベントがないと呼ばれない仕事。収入は安定しません。一度、

「パートをしようかな」

と思って、新聞の求人欄が気になってしょうがなかったことがあるんです。

でも、パートに出てしまうと、私の専門職として積み重ねてきたものがなくなってしまうんじゃないか……。

というか、それまで信じてやってきた仕事を、自分のほうからだんだんあきらめるようになってしまうんじゃないかと、心配になったんです。

ずっと、そのせめぎ合いでしたね。

「仕事をやっていくぞ!」っていう覚悟が足りないのかなって、暗くなることもあり

ました。

旦那さんとの間で経済格差が出てしまうと、具体的になにかを言われなくても、自分を主張しづらくなる、というのはありますね。

これは、ママになった女性みんなに共通するテーマだと思います。

「あとは全部ママ任せ」の孤独

少し前までは、母親は専業主婦が当たり前で、育児や家事など、家庭のことはすべて女性の仕事でした。

ただ、親が同居したり、近くに住んでいたりしたので、なにかあれば助けてもらうことができました。場合によっては、近所の人に子どもを預けて買い物に行くこともできるくらい、地域とのつながりもあったでしょう。

しかし、時代は大きく変わりました。核家族化が進み、経済的な理由もあって、夫婦は共働き、シングルマザーの家庭も珍しくありません。

それなのに、**意識だけは、まだ昭和に取り残されている人がたくさん見受けられる**んですね。

たとえば、子どもは3歳まで母親がそばにいて育てなければならないとか、子どもの教育は母親の責任だとか、家族の食事を用意するのは妻の役割だとか……。そんなことを当然のように求めてくる人が、いまだにたくさんいますよね。

いわゆる〝良妻賢母〟が当たり前の時代に育った親や、そういう親に育てられた人は、現実の世界は様変わりしているのに、昔と同じことを同じように求めてくることがよくあります。

仕事はしてね、食事はつくってね、部屋はいつもキレイにしてね、子どもの世話はちゃんとしてね……と、なんでもかんでもママ任せ。そういう話は、いまでも少なくありません。

だからママは、一人孤独にがんばってしまうのです。

夫への期待値は下がる一方!?

ママにとって一番身近で一番の味方であってほしい人、それは旦那さんですよね。

だけど、古い教育の弊害がまだ尾を引いていて、

「男は外で働いて、女は家を守るもの」

なんて、口には出さないけれど、そんなふうに思っている人はまだ多いですね。

また、それを社会が認めている……、いやいや、さらに強まっている傾向もありますよね。会社で、定時が過ぎても上司がいるうちは帰れないとか、仕事のあとも接待やつきあいで帰れないとか……。また、それを言い訳に、家の仕事から逃げている人もいるかもしれませんね。

ママたちの声を、聞いてみましょう。


夫婦共働きなのに、休日は、夫は自分の好きなように時間を使って、私に自由は

なし。子どもは私一人で見ることが多かった。

夫は私の妊娠中も無理矢理求めてくるくせに、3人の子どもにはまったく興味なし。オムツすら一度も変えたことがない。

育児に追われながら夫の夕食の用意をしても、「今日はいらない」ということが何回も続き、産後うつ状態になった。

妊娠中、身体的、精神的なしんどさを夫に話しても理解されず、孤独だった。「そんなこと言われても、僕は体験できないから、わからない」「女はすぐに母親になれるけど、男は子どもが生まれるまで父親になれない」などと言われた。

夫の予定は、私の了解なく入れても当然OK。でも、私の予定は夫にいろいろ調整してもらってやっと入れられるという不自由さ、不公平さ！　いつでも、しんどくてもがんばるのは私で、逃げ場がまったくなかった。

⬇慣れない育児で緊張があり、精神的に休まらなかったが、夫は、「母親はできて当たり前、父親はできなくても仕方ない」と思っているふしがあった。

こうなると**ママたちの旦那さんに対する期待値は下がり、期待してストレスになるくらいなら自分でやってしまおう、という器用さと強さを身につけてしまうのです。**

ここでの問題は、ママたちの大変さがきちんと他者、つまり旦那さんや家族に理解されていないことではないでしょうか？

がんばっていることをわかってほしい、認めてほしい、気づいてほしい……。

自分だけがすべてをかぶる形で誰にも認められないから、それが積もり積もって苦しくなる。**言ってもわかってもらえない〝あきらめと孤独〟に、ママたちは追い詰められています。**

悩みを打ち明けられる人がいない

昔は、子育ての方法などは親や近所の人に教えてもらったり助けてもらったりするのが当たり前でした。でもいまは、実家が遠かったり同じ境遇の友だちもいなかったりして、一人で苦しんでいるママが多くいます。

インターネットで検索すれば、子育てに関する情報はたくさんありますが、肝心なものほど見つけられません。また、情報量が多すぎて、どれを信じたらいいのかわからなくなることもあります。

「こんなこと、誰かに聞いてもいいのかな？」

「そもそも、誰に聞いたらいいんだろう？」

と、**人に助けを求めること自体が、昔ほど簡単ではない世の中になっている**のかもしれません。

子どもを産んでから復職までの3年間は、孤独だった。専業主婦で、朝から夫が帰ってくる夜遅くまで、子どもと二人っきりの生活だったので、誰か大人と話がしたかった。

フルタイムで働いていたので、同じ保育園のママたちとはお迎えに行く時間が重ならず、話をする機会もなかった。夫とも、朝夕ともに顔を合わせられなかったので、疎遠になっていき、孤独を感じていた。

夫の転勤で地方に移住。田舎なので、周囲との交流がほとんどなかった。自分と子どもだけで孤独だった。

まじめな人ほど、自分一人でなんとかしなきゃと、すべてを抱え込んでしまうから、孤独感や疎外感にさいなまれてしまうんですね。子育てに専念していても、外で働いていても、孤独を感じている人はとても多いのです。

ここで、具体的なケースを見てみましょう。

✦一級建築士のワーキングママBさん

建築士の仕事はフルタイムなので、朝、保育園が開く時間に子どもを預けに行っていました。その保育園の親たちは、時短で働いている人が多く、私とはお迎えの時間が合わなかったので、ほかのママたちとは会えなかったんです。

そうすると、仕事をしていないお母さんたちのチームとも、いつの間にか疎遠になっていき、私一人孤独を感じていました。

保育園側もママたちも、別に私のことを疎ましく思っているわけではなく、心配してくれていたんですよね。

でも、

「この間、みんなで飲み会をしたんだよ」

「休みの日に、どこどこに行ったよ」

っていう話を聞くと、本当に寂しくなってしまう。

じゃあ、

「私は職場で交友を広めればいいじゃない！」

と思えばいいかというと、そうもいかず……。建設業は帰宅時間が夜の9時や10時が当たり前の世界なのに、私は子どものお迎えがあるので、早めに退社。「早く帰る人枠」なんですよ。

そうなると、保育園ママにも仕事のチームにも属せない……。

「私は、どこにも入れない……」

と、寂しい思いをしていました。

けっこう面倒なママ友問題

妊娠・出産は、とくに第一子の場合、はじめての経験なので、不安なことがたくさんあると思います。出産のあとは、子どもの保育園はどこがいいかといった情報収集も大変で、こうしたときに心強いのが「ママ友」。

しかし、**ママ友といっても、その関係性にはいろいろある**んですよね。

たとえば、子ども同士が仲がよくても、その子どものママと気が合うとは限りません。大人として仲良くなれそうな人でも、子ども同士に共通点がなかったりしてうまくいかず、モヤモヤしたという人もいました。

ママ友って、外から見ている分には〝仲良しママ〟という感じですが、実際には、いろいろと大変なことがあるんですね。

ここで、その大変さをあげてもらいましょう。

私は働いているので、同じマンションに住むママたちとは交流がなく、そのグループに入っていくことはできなかった。

話が合わないのに合わせなければならなかったり、保育園に子どもを迎えに行って、すぐに帰りたいのに、公園で遊んでいこうと誘われたりするのが面倒だった。

お互いになにかしら比べているところや、目的のないランチ会がイヤだった。幼稚園が終わって、子どもたちの遊びを見守っている間の雑談も、苦痛だった。

自分の子どもの成長自慢や夫へのグチ、ほかのママの子育てへのダメ出しなどを聞かされて、近所のママ友とは合わないと思った。

人を見下したり、自慢話をしたりするママさんには、うんざり。

夫の仕事のことや給料などを聞きたがる人がいる。

これは大変ですね……。

それでもママたちは、こうした大変さを心にしまって、うまくつきあっていこうと努力しています。**子どもがお友だちと仲良くやっていけるようにと思ったり、地元の情報を得ようとしたり……と、自分のためじゃなくて、子どものためにがんばっているんですね。**

ママ友って一言でいうけれど、**実際は本当の友だちじゃない〝ママ友らしき人〟**と表現した人がいて、「なるほど～」と思いました。

ママ友らしき人とのつきあいは大変

情報交換のためだけの子どもを介した知り合い――〝ママ友らしき人〟との距離感はむずかしそうです。本当の友だちではないので、自分らしさからは遠いつきあいでも、譲り合っていくしかありません。

しかし、「ママであること」にしか共通点がないママ友らしき人のなかには、ときには、**「ママならこうあるべき!」と、自分の価値観を押しつけてくる人もいます。**

◆地元でママコミュニティーを運営しているCさん

子どもがサッカーをしたいと言うので、サッカーチームに入れました。そのチームは、毎週末の練習には送り迎えがあるし、試合のときもコーチが子どもを引率してくれるので、子どもの自立の上でもいいと思い、入れたんです。

でもある日のこと。私はほかのママ友から呼び出されました。そして、「今日の試合、現地への往復で、引率はコーチ一人だったんだよ。それって、コーチに迷惑じゃない？」「私たちも忙しいのに、見に行ってるのよ！」と言われました。

私は働いているけれど、「忙しい、忙しくない」ではなく、私の時間のなかで「行くべきかどうか」「行きたいか、行きたくないか」を判断しているんです。

それに、試合に行くときは、子どもは親が送り迎えしなくても、コーチと一緒に電車に乗って、コミュニケーションをとりながら無事に帰ってくればいいと、私は思っています。だからこそ、自立させようとして入れている意味があるんです。

サッカーチームのママ友が言うように、まわりのみんなに合わせないといけないのでしょうか？　こうあるべきっていうのは、各家庭で違っていてもいいんじゃないでしょうか？

日々そう思います。


家庭ごとに違いはあるし、親同士の世代間の差もあるし、いろんな「あるべき」の勝手な要求が飛んでくるところが、わずらわしいですね。


「これが正しいんじゃない？」

って言われたときに、

「私は、こう思う」

「私は、自分の子どもの親として、こういう方針で教育している」

とはっきり意見を言うことが、普通に認められる――そんな世の中になってほしい
ですね。

「できない」のは私がダメだから？

たとえば、新しい仕事に就いたあるソトママの方は営業職でした。でも、保育園に子どもを迎えに行くために、定時で帰らなければならないことが大きなフラストレーションになっていました。

会社は定時で帰れるように応援してくれるのですが、やりたい仕事のためにかけられる時間が足りず、思うように働けなかったそうです。

仕事をやりきれないときは、
「私がダメだから……」
と思い、保育園の送迎に遅れれば、
「すみません」

と謝る。人に助けてもらっても、

「ありがとう」

ではなく、

「すみません」

「ごめんなさい」

と言ってしまうという具合に、**自己否定のマインドから、いつでも謝る癖がついてしまっていた**とのこと。

そして彼女は、

「他人に迷惑をかけている」

と思い込むようになってしまっていたと言います。


子どもができると、それ以外のことは後回しになるし、仕事では迷惑をかけているんじゃないかという負い目もある。

そうなると、**自分自身の能力がなくなったみたいな、空虚な思いにとらわれてしま**

うんですね。

「仕事に集中できない。かといって、家事がきちんとできているかといえば、そんなこともない……」

と、**すべてを中途半端にしてしまっている気持ちになる。**

そうして、

「私は能力がないから」

「私はダメだから」

と、**自分を責めるようになってしまう**のです。

ほしいのは解決策じゃなくて共感

自分を責めてしまっているとき、一番の助けになってほしいのは、旦那さんですよね。その旦那さんとは、十分な会話ができていますか？　子どもとしかコミュニケーションがとれないことが続きがちだったりしていませんか？　そんな状態では、大人同士の会話がほしくなりますよね。

でも、旦那さんにあれこれ話していると、

「意味不明だ」

「ゴールはないのか？」

と言われてしまう。

もちろん、その会話には結論なんてないんですよね。

「おいしいよね、このお菓子～」

と、**誰かと気持ちを分かち合いたいだけ**。

それでも、男性はすぐに結論＝解決策を出そうとするので、ママたちにとっては、

「そうじゃなくって！」

「なんで、わかってくれないの⁉」

ということになりがち。夫婦ゲンカになったりもしますね。

男性は、「どうしようか？」と問われると、解決策を提案してしまう生き物。でも**ママは、答えがほしいんじゃなくて、「どうしようか……」と迷っている気持ちを受け止めてほしいだけ**――。

私はたくさんのソトママたちと話をしていて思いました。ママたちは、**〝共感〟してもらいたいのに、してもらえないところに、孤独を感じてしまう**んだな、と。

男女はきっと、生き物として、このあたりが違うんですね。男性は羨望がほしいだけ。一方、女性がほしいのはただ一つ。〝共感〟なんです。

この違いを、男性はほとんどわかっていないと思います。

いまの人生にプラスオンしよう！

ママたちはみんな、がんばっていて大変ですね。
でも別に、ママをやめたいとは思っていないですよね？
ママではありたい。
だけど、ママとしてのあり方を変えたい……。

つまり、
ママとしての自分も、
仕事など、母親であること以外の、「なにかをしたい」と思っている自分も、
ぜーんぶ大切な自分として、幸せになる方法をちゃんとつくっていきたい、
ということです。

子どものためだけ、家族のためだけの使用人みたいに感じる、いまの〝自分のあり方〟は、あなたが築きたかったものではないですよね？

ママとして家族に「ありがとう」と言われて、一人の人間として認められ、自分の時間もちゃんととれて、

〈自分軸〉を大切にしたママ人生

を歩いていきたいと考えている人が、大半だと思います。

だからこれからは、**自分の人生に納得しながら、モヤモヤを抱えずに生きていける方向に、行動の仕方を変えていきましょう。つまり、プラスオンです。**

いまの状態にプラスオンをするというと、また大変さが増えると思われるかもしれませんが、実はそうではないんですね。人生、もっと楽をする方法があるんです。

その秘訣は本書の後半で！

第2章

ソトに行きたいけど、やっぱり無理かも

思うように動けないハードルはなに？

第1章では、子育てに、家庭に、全力でがんばっているママたちの大変さを紹介しました。子どもや旦那さん、義理の両親や実の両親など、自分以外の人を優先しすぎて、生活の軸が偏ったまま生きていると、どんどんつらくなりますよね。

でも、振り返ってみてください。あなたもきっと、母親として妻として置かれたいまの環境のなかで、なんとか工夫して〈自分軸〉で行動しようとしていると思います。

たとえば、やりたいことのために、外出するのは子どもが保育園や小学校に行っている間だけ、日常の買い物は週3回ですませる、掃除は短時間ですませるなど、できる範囲で、少しでも自分の時間をつくるために、目いっぱいがんばっているでしょう。

なかには、睡眠時間を減らしてでも自分の時間をつくっている、という人もいますよね。子どもが起きている間は、なにかと集中できないことが多いので、彼らが寝静まった深夜に時間をつくるというママもいます（やりすぎないようにしてくださいね。体を壊しますから）。

そうやって、自分のための時間をほんの少しでも確保できると、それまでとはまったく違う空気を吸うことができるんですね。それは、オフィスでずっと腰掛けたまま仕事をしていた人が、近くの郵便局にちょっと出かけるだけで、ガラッと気分を変えられる、あの感覚と同じです。

いつもと違う環境に少し身を置くだけで、「縛りつけられている」という感覚から解放されるんですね。**小さいことではあっても、これは大きな一歩**です。

ただ、もっと仕事をしたい、仕事以外にも、やりたいことにチャレンジしたいと思ったとき、あるいは実際にやってみたときには、ちょっと出かけるくらいの気軽さでは続けていけないでしょう。

そうした〈自分軸〉で行動する範囲を、もっと広げようと思ったとき、どのようなハードルが目の前に立ちふさがるのでしょうか？

ソトママたちに、いくつか例をあげてもらいました。

- 認可保育園に受からず、保育園探しにとても苦労した。

- 仕事に出たいけれど、夫が私に在宅で家事をすることを希望していた。

- パートとはいえ9～17時のフル勤務だったので、かなりハードな生活だった。近所の託児所では、年長さんの子どもから受けたケガが絶えないなどの問題が起こり、子どもをそこに預けられず。朝8時に家を出て、ベビーカーを押しながら歩いて45分のところにある託児所に預けて、週5日出勤。でも、さすがに体力がもたず、6カ月で仕事を辞めた。

- 子どもが1歳のときに再就職したけれど、子育てと仕事の両立がうまくいかず、時短勤務に。私の個性を発揮できない部署に配属替えとなってやる気がなくなり、遅刻して出社する日が続いた結果、1年7カ月で退職した。

⬇仕事と家事・育児との両立が大変だった。夫は私の家事や育児を仕事として認めず、自分の仕事のほうが優位だと思っているので、自分の都合を優先して用事を言いつけてくる。

子どもの体調不良による予定の変更は、いつも私が調整することになった。

⬇子育てへの夫の協力がまったくなかったので、仕事のたびに、子どもを遠距離にある実家にまで預けに行かなければならなかった。

⬇夫が多忙で、急なスケジュール変更は日常茶飯事。さらに、私は勤めに出ていなかったので、子どもを保育園に入れさせてもらえなかった。

⬇子どもが病気がちで、その世話にも時間が必要だった。

⬇二人の子どもが通える保育園が別々になってしまったので、送り迎えが大変だった。

⬇子育ては、夫と役割分担をしていたけれど、夫が朝起きられず、子どもが保育園に遅刻することがあったりして、うまくいかなかった。

ほかにもハードルはたくさんあります。こうしたママたちが感じている「もう一歩先に出られないハードル」を整理すると、だいたい次の3つに分けられます。

❶まわりの理解が得られない

これは〝承認〟の意味だけでなく、心理的なハードルも含みます。**実際に誰かに止められているわけではないけれど、雰囲気として否定あるいは許されていないと感じる**――そういったストレスも、チャレンジできないでいる理由＝ハードルになります。

❷ 仕事と家庭のバランスがとれない

この要因はさまざまありますが、**子育ては仕事と違って、スケジュールが立てづらい**。それがハードルとなる大きな要因の一つとなっていますね。ソトママのみなさんも子育てが大変な理由については口を揃えて、

「先を読めないこと、突然の対応の連続であること」

と言っています。男性はこの不確実さの度合いを軽く考えがちですね。不確実なことが時々あるのではなく、つねに不確実というニュアンスを理解していないでしょう。

子どもへの対応では、それがたとえ1日のうちの数時間であっても、いつ起きるかわからないことに備える時間も含まれますね。たとえばそれは、子どもがぐずっているときに、体調が悪いのか、機嫌が悪いだけなのかを見極める時間だったりします。

そうしたなかでは、相手が子どもだけに、スムーズにいかないことや突発的なこともあって、それまで自分がとりかかっていたことを再開するのにも、モチベーション

の面でも、また段取りから始めなければならないことが多いんですね。

大人に対応するときや事務的な作業のように、スケジュールどおりに効率よくテキパキとは進まないわけです。

こうした〝先を読めないこと〟は、単なる役割分担や時間管理ではどうしようもない、ひいてはバランスどころか物理的に両立しえないものなのです。

❸子どもの預け先が見つからない

「子どもの預け先が見つからない」というのは、家庭のなかだけでは子育てを行うリソースが足りない、ということですよね。これは、突発的でイレギュラーなことから日常のルーティンワークに至るまで、**人が日常生活をする上で必要な〝仕組み〟がつくられていないという、いまの世の中に特有の根の深いハードル**だと思います。

保育園が決まらないという話は、とくに首都圏では深刻な問題です。家の近くに子どもを頼める親やきょうだいがいて助けてもらえるという人は、都心では少ないでしょうから。子どもを保育園に通わせていても、仕事の帰りが遅くなりそうなときや、子どもが急に病気になったときなどは、大変ですよね。

――以上3つの問題点は、ある程度リンクしています。

だから、これを逆から考えれば、**旦那さんや同居する自分の親たちの理解があれば、家庭と仕事のバランスはとりやすくなる**ということです。

子育てのメンタルで大切なのは、あなたが全力でがんばっていても、世の中の仕組みとして物理的に解決できないこともある、ということを理解しておくことですね。

自分にばかり責任を感じつづけていると、心が壊れてしまいます。本来は幸せいっぱいで楽しい子育てがしたいのに、育児ノイローゼになってしまうこともあるのです。

次は、思うように動けない、目の前のハードルについて、より具体的な事例を見ていきましょう。

夫の理解が得られない……

座談会で、仕事や趣味などを再開しようとしたときに、なにがハードルになったのかをテーマにすると、やはり出てくるのが〝旦那さん問題〟です。

ママたちの不満は、旦那さんのスタンスに対するものがとくに目立ちます。

・あなたは「手伝う」んじゃない。あなたも子育ての当事者なんだから。
・あなたがやったことは「やってあげたこと」じゃない。「やって当然のこと」なんだよ。
・私の指示を待つんじゃなくて、必要なことを自発的に率先してやりなさいよ。
・急に間違ったことをされても、困るんだけど！

耳が痛いです（笑）。会社員として考えたら、とんでもなく使えない人ですよね。

ママたちとしては、旦那さんは頼りにしたい存在であることはたしかでしょう。でも、**期待と現実があまりにもかけ離れすぎている**んですね。気づくと、その期待すら、なんだったのかがわからなくなるくらいで、いっそのこと邪魔をしてくれるなと、戦力外通告してしまっている方もいます。

とはいえ、これはママたちの年齢にも多少は関係していて、いまの40歳以上と、それ未満ではとらえ方も変わってきます。

40歳以上のママは、自分が幼少のころ、日本経済はまだ右肩上がりだったので、父親は休みを惜しんで働き、母親は家を守るというのが一般的な家庭の姿でした。そうした家庭で育てば、自分の価値観もその環境に染まってしまうこともあります。

つまり、男性であれば、

「結婚したら、妻は家にいて子育てに専念してほしい」

と言う人が多くなるわけです。

すなわち、旦那さんに対する期待値は、40歳以上のママはそれ未満のママより低いことが多い。もっといえば、40歳以上のママは未満のママに比べると、「自分でなんとかしなきゃ！」という気持ちが強く、抱え込みやすい傾向があります。

ただ、いまの世の中は大きく変わっています。少子高齢化が進み、経済も低迷したまま。会社では残業で稼げない、ポジションが埋まっていて昇進もしづらい状態なので、男性だけが働いて家族を養うというのがむずかしい状況です。

また、女性も夢や希望をもって社会で活躍できる時代になっていることから、20代や30代の夫婦の場合、共働きの家庭のほうが圧倒的に多いのではないでしょうか。

ここでは、旦那さんの理解がなかなか得られなかったために、家庭と仕事のバランスをとるのが大変だったというDさんの例を紹介します。

✦学校法人理事のDさん

私は結婚してしばらくは会社経営を続けていたんですが、夫の事業を手伝うために

専業主婦になりました。毎年、私が、

「もう一度、働こうかな?」

と言うと、夫からは、

「子どもがはじめて歩くのを、自分ではなくお手伝いさんが見るのって、悲しくない?」

「子どもがはじめて話した言葉を、自分ではなく保育園の人が聞くのって、寂しくない?」

と言われ、そのたびに「ああ、そうか」と思ってしまい、結局、12年も専業主婦だったんです。

でも、やっぱり外に出たいと思って働くことにしました。再び働きはじめて一番大変だったのは、仕事と家事のバランス。食事は朝も夜もちゃんとつくらないといけなかったんです。

「私が好きで働くのだから、しょうがないな」

という気持ちに縛られているところもあったかもしれません。一方で、

「夫と私は対等だよね」

と思うんだけれど、世間的には専業主婦のほうが夫より下みたいなイメージがあって、結局、家事は全部私がやりました。

でも、外食やでき合いの料理は論外。夫は、

「君の勝手で働くんだから、僕は外食はイヤだよ」

と言うばかりです。デパートでお惣菜を買ってくると、

「君はこんなしょっぱいもの、おいしいと思うの?」

なんて言う。本当に大変でした。


母親になるということは、実に大変です。Dさんは、子どもができるまでは会社を経営していたので、問題解決や業務管理などをしっかりこなしていました。でも、母親になったとたんに、家のなかのことがいろいろあって、うまく回らなくなったといいます。

それは当然で、家庭では、会社経営のようにすべてDさんがやりたいように仕切ることはできません。子どもがおもらしをしたら、すぐに着替えや掃除をしなくちゃい

けないし、「おなかがすいた〜」と泣けば、食事やおやつの用意をしなくてはなりません。そうした子育てや家事などは全部、子どもや家族に決められて、その合間合間に自分のことをしなければならないのです。

やらなければならないことを、10分とか15分とかの間隔で毎日切り替えなければならないのは、とても大変です。こればかりは、実際にやってみた人でないと、まったくわからないだろうと思います。

この大変さを理解されないことが本当にむなしくて、

「あ〜、疲れた。またうっかり、子どもと一緒に寝ちゃった」

というようなことが続いた結果、自己嫌悪に陥り、だんだんと自己承認ができなくなってしまったといいます。

母親の〝呪縛〟が苦しい……

ママのなかには、自分の母親の〝呪縛〟に苦しんでいる人もいます。

とくに母親が専業主婦で、家事全般を完璧にこなしていた場合は、それを自分の娘にも要求するという話をよく聞きます。「時代は違うよね」と思っても、なかなか理解してもらえないようですね。

写真家のEさん

うちの母は完璧な専業主婦だったので、私が仕事のミーティングがあるときなどに、子どもを一緒に連れていこうとすると、

「そんなところに子どもを連れていったら、ダメでしょ!」

と言われました。信じられない話ですが、

「子どもは保育園に預けたら、かわいそう」

という固定観念があって、

「毎日お弁当をつくってあげて、午後1時くらいに幼稚園にお迎えに行くのが普通」

っていう感覚なんです。私にはそれはできないから、

「私ってダメなのかな……？　いや、そんなことはないだろう」

という問答を、いつも心のなかで繰り返していました。

そこから自分らしい子育てができるようになるまでに、3年くらいはかかりました。

母親の〝呪縛〟みたいなものですね。


子育ては、誰かが正解を教えてくれたり、なにが間違っているのかを正してくれたりするものではないので、自分の行動や考えを否定されると、心がざわついてしまいますよね。

ましてや**信頼している身近な人に言われると、たとえ指摘されたことが自分の望む形でなかったとしても、「そうなのかも……」と思ってしまう**でしょう。

ママたちの座談会では、「わかる、わかる〜！」と同意する意見がいくつもありま

した。

たとえば通訳の仕事をしていたママは、母親から、

「目が悪くなるから、産後は目を使う仕事はダメよ」

と言われ、その後もいろいろな理由を見つけてきては、

「だから、仕事は辞めたほうがいいのよ」

と言われたといいます。

人間は生き物としてはなにも変わっていないはずなのですが、

「食べさせていいものは、なにか」

「食べさせるべきものは、なにか」

ということでさえ、いまと昔では違いますよね。ましてやママの置かれている環境は、昔とはまったく異なります。

信頼できる自分の母親であっても、いまの子育てを知っているわけではありません。言っていることを、鵜呑みにはできないですね。

「こうあるべき」に縛られてない？

ママたちは、〈自分軸〉の範囲をほんの少し広げようとしただけなのに、本書でこれまで紹介してきたような、さまざまなハードルにぶつかっています。

だったら、面倒だから、

「このくらいで、いいわ！」

と、してしまっている人も多いかもしれません。それで本当に満足ならば、もちろんいいのですが、

「これ以上は、無理！」

と思っているのなら、あきらめるのは、まだ早くないですか？

子どもはロボットではないので、規則正しい時間に寝てくれて、いつも笑ってくれ

ているとは限りません。いつ、なにが起きるのかもわからないので、コントロールのしようがありません。

赤ちゃんだったら、すぐにおっぱいがほしくなるし、うんちもする。少し大きくなってきても、病気になったり、転んでケガをしたり、おもちゃが壊れて泣いたりもしますよね。


そんな状況のなかで、ママとしては自分のしたいことをしたいけれど、行動しきれず、本当に小さなチャレンジしかできなくて、

「仕方がないかなあ」

ということになってしまう……。ママの休み時間は不規則にしかとれないので、活動時間も限られてしまい、その状況を受け入れざるをえないんですね。


では、この状況を越えていくためには、どうしたらいいのでしょうか?

その答えを言うと、**まわりにいる旦那さんとかお母さん、近所の人など、自分以外の人を動かしていくほかにないの**です。

でもみなさんは、人に頼まなければならないのは、

「自分ができないから」

「ダメだから」

と思っていませんか？


こういう体験を話してくれたソトママがいました。

ある日のこと。私はどうしても外出しなければならない用事があって、子どもをシッターさんに預けたんです。でも、家を出たときからずっと、子どものことが心配で、預けたことを後悔していました。


そこで、急いで用事をすませて、あわてて家に帰ると……、子どもは寂しがっているどころか、シッターさんと楽しそうに遊んでいるではないですか！　そして、

「またシッターさんを呼んでね！」

と言うのです。

多くの母親は、子どもから離れたくないという気持ちが強いんですね。たとえば、デパートにショッピングに行くとき、子どもを連れていきますよね。デパートのキッズスペースには、2時間ほど預けておくことができるんです。

だけどどうしても、シッターさんを頼むことは、贅沢でいけないことだと思ってしまうのです。

みなさんは、

「母親の自分が子どもに手をかけ、時間をかけることが最善なんだ」

と思いすぎていませんか？

「私ががんばって耐えられる間は、やらなければならない」

と思っていないでしょうか？

自分を犠牲にしすぎていないでしょうか？

現代は情報が溢れすぎているので、ママたちはすごくセンシティブになっているようです。**理想ばかりが頭に浮かんでしまい、現実との折り合いがつけられていない**ようにも見えます。

理想と現実の生活にギャップがあると、へこんでしまって、よけいに現実を見たくなくなることはあるかもしれません。そういうときは、**自分の視野が狭くなっていないか、理想のもち方を間違えていないかを、振り返ってみるのもいいこと**です。

そもそも、子育ても家事も仕事も、自分一人ですべてをこなそうとするのは、どこか間違っているのではないでしょうか。昔の人は、近くにいる誰かにお願いするのが普通でした。しかも、かつてはほとんどのお母さんが専業主婦でしたから、家事に専念することもできたでしょう。

でも、いまは暮らし方も変わり、価値観も人それぞれ。当然のことながら、「ママ＝専業主婦」ではなくなっているはずなのに、**自分の母親と同じようにしなくてはならないという〝義務感〟に縛られている**んですね。

くり返し述べますが、いまは「サザエさん」のように、おじいちゃん、おばあちゃんがいて、きょうだいみんなで暮らしている、あの時代の典型的な家庭は絶滅に近い状態です。昔であれば、ご近所さんにちょっと頼めば、子どもの面倒を見てくれる、なんていうこともあったでしょうが、そんなつきあいはほとんどなくなっています。

なにか困ったときに応援してくれる身近な人がいなくなり、マンパワーも削られて、家庭内での余力やできる範囲も小さくなっているんですね。だから現代は、日常的な些細な困りごとでさえ、解決できないことが多い。これは、社会的な構造の問題だと思います。

そうした状況のなかで、ママたちは、

「私がやらなきゃいけない」

「私ができていないだけだ……」

と、いつ終わるかわからない無限ループに、はまってしまっているのです。

ここからが本番、選択肢は増えている！

いまは子育てのサポートが受けづらい時代です。

では、そのなかで、みなさんが〈自分軸〉を取り戻すためには、どうしたらいいのでしょうか？


そこで、ここではもう一度、前項で述べた、

「自分の視野が狭くなっていないか、理想のもち方を間違えていないかを振り返ってみる」

ということを考えてみましょう。**これは〝思い込み〟と向き合うことを意味します。**

ウチママから抜け出せたソトママたちは、

「〝思い込み〟から解放されて、楽になった」

とよく言います。これは、自分の母親や旦那さんとの関係だけでなく、日常のほんの小さなことに関しても、自分を縛っていることがたくさんあるはずだということです。

だから、**まずはその〝思い込み〟に気づいて、それを取り払ってしまいましょう。**

たとえば、こんな話をしてくれたソトママたちがいます。

私のまわりには、同じような環境にいるのに、いきいきと働いているママや、仕事のシフトを自由に入れているママもいます。そんなママたちに、

「子どもはどうしたの？」

と聞くと、

「夫に頼んでるよ。当然じゃない！」

と言います。それを聞いて私は、

「夫に頼んだことが、なかったな……」

ということに、はじめて気づいたんです。

旦那さんに頼むことが当たり前のママがいたことで、自分がやっていたことに気づけたんですね。また別のママは言います。

友だちと一緒にいて、予定より帰りが遅くなったとき、私はその日の家の夕飯をどうしようかと困っていたんです。するとその友だちが、「今日は、すき家で買って帰るから、夕飯はつくらない」と言ったのです。それまでそんな選択肢を考えたこともなかった私は、かなりの衝撃を受けました。

気づいている人は当たり前にやっていることかもしれませんが、レストランの料理をお持ち帰りできるのは、自分の時間をつくりたいママにとってはうれしいこと。実は、〝思い込み〟が原因で、自分だけ気づいていないことは、たくさんあるのです。

また、こんな体験談もあります。

✦フリーランスで秘書事業をしているFさん

あるとき、同僚の結婚式に招待されたんですが、子どもが小さいので欠席の連絡をしました。でも、同じように子どもがいる仲間がみんな出席すると言うので、それならと、遠方にいる母親に無理を言って来てもらい、子どもを預けて出かけました。

その後、式が終わって帰ろうとしたら、夫から連絡が入り、近くの喫茶店に子どもと一緒に来ていると言うじゃないですか！　そういえば、その日は夫は休みだったと、そのとき思い出したんです。

だったら、最初から夫に頼めばよかったんですよね。自分の母親を呼ぶのにもグチグチ言われるし、しかも実家は遠いので飛行機代まで出さなければいけなかったし……。

自分のルールに縛られて、「こうあるべきだ」と思い込んでいることは、誰にでもありますよね。でも、そういうことって、誰かに言われるまで、自分ではけっこう気づかないものなんです。

本書ではここまで、旦那さんのわからず屋ぶりをさんざん紹介してきましたが、実はママ本人が決めてかかっている、ということも少なくないわけです。

先に紹介したDさん（72ページ）も、旦那さんが「外食はイヤ」と言うので、がんばって食事の支度をしてきましたが、あるときちゃんと話をしてみたら、「デパ地下のお惣菜が絶対にイヤ」というわけではなかったらしいのです。

「味が濃いのがイヤ」なだけで、でき合いのお惣菜がダメなのではなかったんですね。これも彼女の思い込みだったんです。

私は、**ママたちは自分が望んだ生き方をそのまま生きるのが、本来のあり方**だと思います。**子育てでも、その生き方ときちんとすり合わせていけばすむところを、誰かの影響で、本来のものを変えてしまうから、つらくなる**んです。

ママたちは、なにが問題になっているのかは整理できているのです。ただ、

「ここまで変えていいんだ」

という、自分の裁量の幅の大きさに気づいていないだけのこと。

ドラマみたいに、

「今日から私、変わるわ！」

なんて言いながら、すぐに変わっていけるほど簡単ではないけれど、少しずつでいいんです。変わっていきましょう。


もし、あなたがもう一歩先に進みたいと思っているのなら、ここからが本番です。

大丈夫、すでにあなたの選択肢は、ずいぶん増えているはずですから！

第3章

大丈夫、いけるよ！

ウチママ脱出のポイント

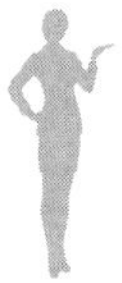

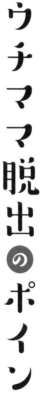

「ダメかも」と感じる壁でも乗り越え方がある

自分の人生を生きているソトママたちは、誰もが多くの面倒くさいことやイヤなことを乗り越えてきています。「自分なりに、とりあえずやってみた」の結果が、いまの状況を生み出しているんですね。

こう言うと、

「しんどいことをしろ」

と言われているように感じる人もいるでしょう。でも違うんです。ソトママたちは、

「いまのほうが、楽」

と言うのです。

ママたちがベストを尽くすとは、どういうことかというと、

「世の中を勝ち上がっていくぞ！」

なんていうことではないんですね。

「こういうスタンスでやるのが、私らしい」

というところを見つけ出し、イヤなことはやめる方法を考えて、あなたが自分らしく、気持ちよくいられることだけに、行動をシフトしていくことなのです。

そうして自分らしく動くことで、これまで「苦」と思っていたことも、「楽」と感じながらできるようになるんですね。だからソトママたちも、「いまのほうが楽」と言っているのです。

もしあなたが「うまくできない」と思っているのなら、〝自分らしさ〟がまだ明確になっていないのかもしれません。

たとえばあなたが、

「動きたいのに、うまく行動できない」

「子どものことより、自分のしたいことを優先してもいいんだろうか？」

「どこから手をつけていいのか、わからない」

と感じているなら、**あなたが乗り越えるべき最初の壁は、〝自分らしさ〟が出る行動**

の優先順位を明確にすることです。

なぜかというと、それはあなたがしんどく感じたり、「やりたくない」と思ったりするのは、自分らしくない行動をしているから。心が重くなって、動けなくなるのも当然です。

つまり、いままでなにげなくとっていた行動が苦しさを伴っていたのなら、それは〝思い込み〟で決めていた、ということなんですね。

それが、自分が納得できると意識して決めた行動であれば、〝自分らしさ〟を認識できて苦しくなくなるのです。

だから、まずは**「自分はなにを大切にしたいか」という気持ちや、それに伴う「動き方」を考えて、なにをするのかを決めることが大切**なのです。

そのやりたい順番にしたがって動けば、むしろ自分らしくてやりがいを感じることさえあるでしょう。直接・間接を問わず人から強制されていたことが、「自分らしい」と認識できる行動をとれるようになることで、自発的に動けていると感じられるようになっていきます。やりがいを感じるようになるんですね。

そして、

〝自分らしさ〟を認識して行動する！

と決めてさえしまえば、「解決できない問題」と思っていたものでさえ、解決の糸口が見えてきて、実はタスク（作業）の一つにすぎなかったと思えるようになることもあるのです。タスクだったら、こなせば終わりですよね。ソトママはみんなこの不思議な体験をしているそうです。

女性のすごいところは、大きな課題でも「問題」ではなく、「タスク」と認識できれば乗り越えていけるところ。ソトママとウチママの一番違うところは、この認識力です。

タスクと認識できれば、あとはこなすための方法、たとえば、目標を設定したり、スケジュールを見直したりして、目の前のことを片づけていくだけです。

第2章ではここまで、「いろいろやってみたけど、なんだかうまくいかない」という状況を整理してきました。
それらはつまるところ、**「できない」と思ってしまうマインドブロック（自分の気持ちに制限をかけること）が大きな壁として目の前に立ちはだかっていた**のです。

「でも、自分らしさを認識するって、どうやればできるの？」

そんな声が聞こえてきそうです。だからここからは、実際にそれを解決していくために、一歩ずつあなたの手の届く範囲から、行動を広げていきましょう。一歩進めば、その先の道はさらに開けます。

そうやって霧が晴れて道は開けていくけれど、同時に課題もたくさん見えてくる。でも、安心してください。そういう課題はただのタスクなので、気持ちよく乗り越えられます。

〝あなたらしさ〟をハッキリ理解していれば、目の前の壁はタスク化し、こなすしんどさはなくなるのです。

まずは、「できない」と思うマインドブロックを壊すために、〝あなたらしさ〟を探すこと。それが解決の糸口になるのです。

“自分らしさ”を振り返ってみよう

「できない」――そう思ってしまう自分から抜け出すための最初の一歩は、「本来のあなたらしさ」「なりたかった自分」について振り返ってみることです。

ここでは、子どものため、家族のためといった「誰かのため」ではなく、「自分らしく生きるため」に必要な判断基準を、具体的に考えてみましょう。

✦地元でママコミュニティーを運営しているCさん

私は以前、国際協力の仕事をやっていました。でも、結婚・妊娠で海外に行きたいのに行けないことになったとき、

「私は、なんで海外に行きたかったんだっけ?」

と、**あらためて自分のことを振り返ってみた**んです。そうしたら、

「私は誰かのために現場で課題を見つけて、それを解決する人になりたかったんだな」

ということを思い出したんです。

その後は、海外での仕事にこだわることから解放されました。

現在の仕事の現場は、私が住んでいるところ。そこでママたちのために、なにかがしたいなと思って活動を始めました。

地元のママたちの課題は、

「働きたいけど、自分が働きたいところに、やりたい仕事がない」

ということ。

というのも私の地元は、子どもが生まれるまでは、いわゆる総合職のキャリアや専門職として、バリバリ働いていたママが多く住んでいる地域だったんです。でも、ちょっとした飲食店のバイトやレジ打ちなどの仕事はあっても、企画やライティングなど、いわゆるクリエイティブな仕事がこの街にはなかったんです。そういった仕事は、子育てがむずかしい都心に集中しているんですね。

だから、この地域で子育てをしながら、ママたちが〝自分らしさ〟を感じられる仕事で働ける場所をつくろうと考えました。まずはクリエイティブな仕事で働きたいという人たちに働く機会をつくるところから始めて、だんだんとママコミュニティーにしていったんです。

いまでは地域活動などの活動の幅が広がり、より広いニーズに応えられるようになってきました。

写真家のEさん

私の判断基準は「自分が楽しいかどうか」ですね。

たとえば、子どもに学校を休ませて海外に連れていくことって、賛否両論ありますよね？　でも一応、そこは息子と話し合って、行きたいときは連れていく、行きたくないときはお留守番です。

「あのお母さんは、学校を休ませて子どもを海外に連れていっている」

って言われることもあるけれど、うちのなかは平和なんだから、それでいいと思っています。子どもも自立していて、自分で料理をしたり、友だちを招いてそれを振る舞ったりしています。

こんな私でも以前は、世の中のお母さんは外に出て働かないものだと思っていました。うちの家系も親戚も、外で働いているお母さんがほとんどいなかったんです。

そこで私は、働くママたちはどんなことを考えているのかが知りたくて、多くの人に話を聞きに行ったことがあります。仕事と子育てと家のことを、どうやってバランスをとっているのかな、って思ったんですよね。

でも、完璧なバランスを保っている人は一人もいませんでした。とはいえ、**みんながベストなバランスを探しながらやっている**んだなって思いました。

この二人のケースは、まさに「なりたい自分」や「私って、本来こうだったよね」というところに立ち戻った結果、目指すべき姿が見えてきたという、いい例ですね。

そもそも本来の自分はどんな個性だったのか――それを知ることは、自分が目指したい世界や目標を設定するための大前提だと思います。子どものころを振り返って、なりたかった職業や憧れの人を思い出してみるのもいいでしょう。

ソトママの例をあげると、たとえば小学生のときから「将来は会社をつくろうね」と姉と決めていたママは、専業主婦を経て、いまでは起業しています。また、CAだったソトママは、もともといろんなところに自由に行ったり、心のおもむくままに行動したりしていたので、そんな自分に戻るための準備をしていました。

身近な人に話を聞いてみる

ここからは、ソトママたちがどんなことをきっかけに、自分を解放して外に出ていったのか、その具体的な方法を見てみましょう。

一つ目の方法は、身近な人で動けている人に相談することです。これはママたちからよく聞く話。自分だけで方法を調べるよりは、誰かに頼ったり、実際に外で動けている人の話を聞きに行ったりしたい、という思いがあったようです。

やはり、実際に行動できている人でうまくいっている人の多くは、ほかの人の話を聞きに行っています。逆に立ち止まっている人は、それをしないで苦しんでいます。

だからみなさんも、実際に行動できている人が、なぜそんなふうに動けているのか、

どういうスタンスでいるのかなどを、聞きに行ったり相談しに行ったりしてみましょう。**他人の話を聞くと、**

「それ、そうやってもいいんだ！」

と自分に許しを出せるようになって、第一歩を踏み出すことができるようになります。

人に頼らずに自分で調べて、なにもかも自分だけでやっている人は、結局、自信がもてなくて、ずっと苦しんでいるまま、というケースが多いようです。

だから**まずは人に相談してみること。それが大きな突破口になります。**

たとえば、女性の起業家支援をしているLさんのところには、

「お金を稼ぎたいんですけど、どうしたらいいですか？」

という、フワッとした相談をもちかけてくる人も多いといいます。

まだ目標がきっちりと決まっていない人は、そんな願望でもいいんです。アドバイスをしているLさんは、そういう人に対しては、こちらから答えを提示するのではなく、時間をかけて何回も話を聞くのだそうです。

「自分の個性はなにか」を本人にも理解してもらい、本質的になにを求めているのか、ちゃんと考えられる思考パターンをつくるところから協力してあげるんですね。

そうすることで、相談者のマインドも変わってくるそうです。

ここで、みなさんの参考になる例を紹介します。

✦フリーランスで秘書事業をしているFさん

私は新卒で大学職員として働いていましたが、夫の転勤をきっかけに辞めたんです。その後すぐには再就職せず、出産して子どもが小さいうちは専業主婦でいたかったので、仕事に就いていない期間が長くなりました。

以前は自分の努力でどうにでもできていたことが、はじめての子育てに直面して、自分のがんばりだけではどうにもならないことがわかり、けっこう落ち込みました。そしてしばらくの間、どうしたらいいのかわからないまま、家にこもっていたんです。

でも、そのままではダメになると思いました。私はもともと、人と話をするのが好きで得意ですし、人のためになにかをやるというのも好きなんです。だから、外に少し出る時間をもつことで精神的なバランスがとれないかと思い、もう一度社会に出て働こうと決めたのです。

ただ、赤ちゃんがいてブランクが7年もあると、再就職はうまくいかず、最終的にはパートをやりはじめました。久しぶりに社会復帰を果たして、家にいるときとはそれなりに違う刺激があって、楽しむ時間もありました。でも、

「もっと仕事ができるはずなのに、やる気もかなりあるのに、なんで自分を活かせないんだろう?」

という悶々とした日々が、5年間続きました。その間に職場も2回変わっています。

パートという立場では、やりがいが足りなかったんです。やる気があるのに簡単な仕事しか与えてもらえないし、もてる情報も少なく責任もすごく軽いので、モチベーションを保つことができなかったのです。

非正規だと、給料の面でも上にはいけません。

もっとやりがいを感じられるような仕事ができる可能性があるんじゃないか、という思いを抱えたまま、また何年か過ぎて、子どもが小学校に入るころ、自分のなかに大きな変化がありました。

「新しいことにチャレンジするなら、40代だな。たぶんこのまま10年経ってしまったら、あとどれくらい動けるかわからない」

という焦りが強くなり、一大決心できました。

会社に勤めるという形から解放されて、フリーランスの秘書としてチャレンジすることにしたのです。それが一昨年のことです。

個人でなにができるのかが全然わからない状態で相談したのは、子育て中の母親や妊婦向けの講座を開催して、フリーランスとしてすでに活躍していたママでした。そこでもやっぱり、

「自分がもっている強みを活かしましょう」

と言われたのですが、自分の強みって、わからないですよね。なんでも普通にはでき

てしまうから。だから自分一人では見つけられなかったですね。

けれども**人に相談することで、**

「それが、あなたの強みなんだよ」

と気づかせてもらい、その強みを仕事にどう活かしていくかを考えました。最初の半年くらいはブレブレで、秘書のことなんて考えもしなかったんです。

「なにかを書いたり、イベントの進行をやったり、そういうのはできるかな」

くらいに漠然と思っていた程度です。

でも、イベントのお手伝いを少しずつしていくなかで、

「細かい対応をしてくださるから、安心！」

と、人に言ってもらえたんです。自分では普通のつもりだったので、言われて驚きました。はじめて、

「私って細かいんだ！　しかもこれは、強みなんだ！」

ということに気づかせてもらえました。

起業家を目指す人のなかには、アイデアや着想の力はもっていても、それを事業の形にできなかったり、時間がなくて動かせなかったり、苦手な作業が入ってうまくいかなかったりする人もいるので、

「そこ、私はできる！」

と、気づいたのです。

そうやって私は、秘書的な立場でサポートすることが自分には合っているという答えを導き出しました。それは去年のことです。

組織のなかにいると、こういうことには気づけないですよね。システムができているので、考えなくてすみますもの。いかに考えることをしてこなかったかということにも気づいて、一人でやっていく上で、「自分をよく知ることの大切さ」をすごく感じました。

いろんな人の話を聞いて、あらためて自分のことを、
「こういうのが得意だった」

「こういうのはできる」

「でも、こういうのは苦手だ」

と知ることで、

「これはもう、誰かにお願いしよう」

ということをしていく――。

この確認を繰り返すことで、得意なことを自分の仕事にしようという気持ちになりました。

自分のスケジュールを見直してみる

ソトママたちに教えてもらう、自分を解放して外に出ていくための**二つ目の方法は、自分のスケジュールを見直して、「この時間帯だったら動ける」という時間を洗い出し、そのなかでできることをやってみること**です。

ここで**大事なのは、まずはこの方法を実際にやってみること。**やってみてはじめて、その先が見えるようになり、物事の本当の判断ができるようになるのです。先が見えない状態では、なにも判断はできませんものね。

◆アートフラワーのアレンジメントを手掛けるGさん

私は専業主婦の時間が割と長かったのですが、自分の趣味も大事にしたくて、子どもが幼稚園や小学校に行っている間に、いろんなことにチャレンジしました。PTAの役員も引き受けましたが、それは次の仕事にすごく役に立ちました。

私の場合、子育て自体が自分の人生にとても意味をもっていて、価値観がすべて変わったといってもいいくらいです。だから、子育てを楽しむことも、すごく大事なんだなと思っています。

子どもが幼稚園に行っている間は時間ができるので、自分のために使うように努力しました。たとえば朝、幼稚園に送っていく前までに、夕飯の準備をある程度までしておきます。そして、子どもが幼稚園から帰ってくるまでの時間は、すべて自分のために使うようにしていったんです。

すると、そこから少しずつ、自分を表現するための、いろんなことへの扉が開いていきました。そういう積み重ねがずっとあったからこそ、いまがあると思えます。

Gさんは、自分のために用意した時間で習字を習いはじめ、いまでも続けています。

仕事に出るだけが「外に出る」ことではなく、仕事の準備や資格の取得、地元を盛り上げる活動を楽しむことさえ、自分の世界を広げることにつながるのです。

また彼女は、**子どもを育てることで、〝許すこと〟や〝見守ること〟の大切さを学んだ**とも言っています。

彼女が外に出たときは、自分の意見と合わない人とでも、相手の意見をまずは許して聞いてみる。こちらの意見を伝えたら、待ってみる。そうしたこともできるようになったそうです。子育てを通じての経験から得たものが、きちんと自分の糧になっていたんですね。

そうしたGさんに、今度は相談をもちかけてくる人が増えてきたとのこと。すると、まわりでは、

「あの人は、なにかあったときに相談できる人」

というイメージができあがり、さまざまな場面で頼られるようになったといいます。

ウチママのなかには、学校のＰＴＡの役員などをやると、

「外でお金にもならないことに時間を使い、ほかのママたちとのつながりのために楽しんでいるって、夫に言われるかもしれない」

と、敬遠する人もいるかもしれませんが、意外と自己成長につながったりすることもあるんですね。

そうした経験を重ねていくと、世の中にはいろんな人がいることも理解できるようになるし、どうしたら人が動くのかということもわかるようになります。

この連鎖がさらに人を呼び、世界が広がり、信頼関係も積み重なっていきます。そう考えると、役に立たない経験はないんだと思えますね。

ママ友とのちょうどいい距離感

座談会でおもしろかったのは、第1章でもお話しした「ママ友らしき人たち」の存在です。ママ友は自分にとっての真の友だちではなく、外交手段だと割り切っている人が多くいました。

仲良くしたいのは子どもがいるからであって、子どもに関する情報を得るのが目的。だから、子ども抜きで一緒に遊びに行きたいという相手ではないんですね。

そういうママ友らしき人がいる一方で、もう少し踏み込んでつきあえるママ友もいます。**ソトママたちは、そうしたママ友とは困ったときに助け合ったりして、ちょうどよい距離感でつきあっています。**

言ってみれば、友だちというより仕事仲間のような感じでしょうか。関係をつくっていくのはそれなりに大変ですが、いざというときに強い味方になりますよね。

なかには、お酒が好きなので飲み仲間になっている人もいます。夕方6時とか7時にお迎えに行って、誰かの家に集まって家飲みをするそうです。

✦エステサロン経営のHさん

子どもの保育園時代のお母さんたちのなかに、いまでも仲良くしている人が何人もいます。彼女たちにはすごく助けられています。

たとえば、私が体調を崩して子どもの面倒を見てくれる人がいないとき、

「うちで見ていてあげるよ」

「○○ちゃん、泊まりに来ていいよ」

と言ってくれます。

子どもも同じ年なので、普通の友だち＋アルファの価値っていうんですかね。育児

の相談もできるし、コミュニケーションの幅が広がったと感じています。

社団法人理事のJさん

ママ友からは、相談事を聞く機会が多くなっています。はじめは子どもに関する相談だったのが、だんだん広がって、私たちママに関する話や、夫婦、おばあちゃん、姑、しまいには一家丸ごとの話になったりしています。

私は昔、会社で人事の仕事をしていたことがあるので、仕事に関する相談もあります。

そのなかでは、

「どうして、会社を辞めたの？」

という話から始めて、

「でもそれだったら、こういうところに転職したら？　家でできることもあるから、週2回、家でやったらいいんじゃないかな」

「週3回だったら、こういう派遣会社がいいよ」

といったアドバイスもしています。

✦通訳講師のAさん

私は以前、インフルエンザにかかった子どもたちを、家で預かったことがあります。娘と同じ小学校に子どもを通わせていたお母さんは、働いていた人が多かったんですね。で、娘がインフルエンザにかかって学校も閉鎖になったとき、彼女たちにLINEをしたら、同じ型のインフルエンザだったので、子どもたちをまとめて預かったんです。お母さんたちは会社で会議があったりするので、出社しなきゃならなかったけれど、私は在宅でしたから。

「そのかわり、お昼は焼きそばです。おやつは出します。あと、学童と同じスケジュールで。勉強とか宿題は、自分たちでやってもらいますね」

そんな感じです。

このほか、つわりのひどいときに食事の面倒を見てもらったり、アレルギーのある子どもを預かってもらったりと、さまざまな場面でママたちは助け合っています。

ママたちが助け合える関係になるには、それなりの時間がかかるでしょう。

そこで、**信頼関係を深めるために一番大事なのは、まずは自分の困っていることをオープンにすること**です。

困っていることを知らせれば、手を貸してくれる人がとても多い――そのことに気づいたというママも、少なからずいました。

また、仕事を通じて知り合ったママ友と、子どもの保育園や幼稚園で知り合ったママ友とのつきあい方の違いもあるんですね。

仕事関連のママ友とは、お互いに仕事での事情がわかっているので、都合を見て子どもを預け合う、子ども経由のママ友とは、子どもと長い時間いられるカフェや習い事などの地域情報を交換するなど、それぞれのよいところを選んで助け合っているようです。

踏み出せない理由を考えてみる

この世の中には、自分の人生を謳歌しているソトママたちのように、

「たくましくやっていけば、いいじゃない」

「こんな方法をとれば、いいじゃない」

「まわりを巻き込んでいこうよ！」

と言う人もいれば、

「どう言ったらいいの？」

「こうなったら、どうしよう？」

と、迷いまくっている人もたくさんいると思います。


そういう人たちに、ソトママたちはどのようにアドバイスするのでしょうか？

少し聞いてみましょう。

✦社団法人理事のJさん

私は決してたくましくはなく、石橋を叩きすぎて壊してしまい、自分が渡れなくなってしまうタイプなんです。

「どうしよう……。向こうまで行けない」

という人だったので、

「私には、できないな～」

と思う人の気持ち、よくわかるんです。いまでもそう思うことが多くて、

「これを始めたい」

「転職したい」

「仕事を辞めたい」

と思うたびに、

「どうしよう～」

って悩んでいます。みなさんと同じですよね。

ただ、そんなときに私が心がけているのは、

「いま悩んでいるけど、じゃあ、その先は？」

「なんのために、それがしたいの？」

「いまの自分のために、外に出たいの？」

「なんのために、会社を辞めたいの？」

「なんのために、転職したいの？」

「なんのために、出産したいの？」

と、**いま悩んでいることの、その先の、**

「自分はなにがしたくて、誰になにをしてあげたいのか？」

ということを考えるようにすることです。

そのあとは、**さらに先を見て、**

「私は最終的に１００メートル先まで行かなきゃならないんだから、いまは10メートルくらいは進んでおかなきゃね」

って、自分に言い聞かせるようにしています。

先のことをしっかり考えると、いま目の前にある課題は乗り越えておこうというモチベーションが見えてくるんですね。

また、女性は誰かのために動くことができて、すてきですよね。

〈自分軸〉はちゃんともちつつ、「誰のため」「なにかのため」という思いがあれば、さらに一歩を踏み出しやすいのでしょう。

✦アートフラワーのアレンジメントを手掛けるGさん

ずっと専業主婦だった人が、なにかを始めたいと思ったとき、壁になるのは、

「子どもや夫のために、これをやらなきゃいけない」

と感じることかもしれません。

でも、

「実は、自分が思っているほど、相手から必要とされていないこともある」

ということに気づいてほしいですね。

「子どもに○○をしてあげなければ……」

と思ったときに、

「子どもは本当に、そこまで望んでいるのかな？」

って、もう一度考えてみる。

やりすぎているお母さんは、すごく多いと思いますね。そこまでやらなくていいことや、手を抜けるところがわかれば、週1回のパートやお稽古事にも出ていけるんです。

外に出ていくことで、自分の視野が広がったら、夫に言わなくてもいいグチを言わずにすんだり、夫婦の関係がもっとよくなったりするのにな、と思うことがたくさんあります。

「自分がなりたい理想像」と「自分が必要とされている理想像」をちゃんと照らし合わせてみよう！

――そういうことですね。自分で動けない理由をつくっているなら、やりたいことの順番を見直したらいいいんです。

そうすると、気持ちが少し楽になったり、見える世界が広がったりするので、その先につながっていくと思います。

✦エステサロン経営のHさん

環境を変えるって、すごく勇気がいることだと思います。

こういうふうになりたい、こういう生活をしたいと思って一歩踏み出すのには、不安や恐怖がありますよね。私にも、そういう経験があります。

私の場合、

「こういうふうになりたい」

「○年後に、こういう生活をしていたい！」

「○歳くらいで、目標を達成したい！」

という気持ちのほうが勝つので、

「だったら、自分が動かないことには、なにも始まらない！」

と思うのです。だから動く、っていう感じです。

なので、みなさんが「こういうことがしたい」と思うのであれば、絶対に行動に移したほうがいい。**行動できないのは、完璧を求めすぎているから**じゃないかな、とも感じます。

人間、失敗することもあるし、うまくいかないこともある。でも、それが普通で、最初から全部完璧にできるわけじゃないんだよ、っていうことです。

「動かなければ、失敗しないかもしれないけれど、成功は絶対にできない！」

私は、いつもそう考えています。

「失敗しながらでも進む」――そのくらいの気持ちが大事だっていうことですね。

✦起業コンサルタントのKさん

私は、**その人の置かれた状況に応じて、**

「すぐに仕事をすることを考えなくてもいい場合も、あるんじゃないかな」って思います。

東京では、核家族が前提ですが、地方ではまた違いますよね。

それに、私はいま広島に住んでいるので、子どもの一時預かりがすごく充実しているんです。そのため、子どもが生後8カ月のときから、自分の時間をつくるために一時保育を利用したり、総合ステーションといって、タダで子どもを預かってくれるところにお願いしたりしていました。

そして、そうした施設を利用しながら、ゆくゆくは起業したいと思っていました。自分の時間を確保してインターネットで探せば、たぶんやりたいことがいっぱい見つかります。まずは、家にいるときにスマホで調べてみるとか、そういうことから始めてもいいかな、と思います。

あと、自治体では、さまざまな講座などを開催していますよね。**すぐ働くつもりは**

なくても、外に出る機会はいくらでもあります。そういうところに申し込んで、胸をドキドキ弾ませながら行ってみると、また違う世界を経験できると思います。

ソトママたちがみんな思っているのは、**自分の楽しみでもいいし、そういう動きに慣れていくのでもいいから、**

「とにかく行動してみよう」

「いろいろ試してみよう」

ということなのです。

もっと人に頼ればうまくいく

ソトママの多くは仕事をもっていて、なかには自分で起業している人もいます。

でも、子育てをしながら働くには、いろいろと制約もあるでしょう。

子育てだけだって、ワンオペでは大変です。**自分一人でなにもかも抱え込まずに、人に相談したり、手伝ってもらえる協力者を集めたりすることが大切**です。

✦ **女性起業家支援のLさん**

起業したいと思っているママたちのなかには、

「子どもの都合で、お客さまに迷惑がかかるのではないか？」

「時間がうまくとれないので、どこまで仕事をとっていいのだろう？」

と悩んでいる方が、とても多いですね。

私は子どもがいなくて、結婚と起業が一緒だったんです。男の人って新婚生活を楽しみたい、新婚時間を妻と共有したいという気持ちが強いみたいで、夫もすぐに家に帰ってくるんですよ。

そして、私は家事が苦手なのに、

「ご飯をつくってほしい」

って言うんです。そういう彼の要求や望むことと、私がやりたいことがかみ合わないことが、しばらく続いていました。

でも、そのままでは起業がうまくいきません。起業は収益にかかわることなので、夫にも家のなかのことをある程度はやってほしいし、それ以外のことは私がどう調整すればいいかということを、一度きちんと話し合いました。

起業は子育てと似ていると思います。子どもと過ごす大事な時間にたとえれば、それは寝る時間と一緒で、欠かすことができないこと。だから、家のなかのことや毎日の生活のことを先に考えて、残りの時間でどのくらい売上が立つかを逆算するんです。

　そうすれば、無理に働かなくてもいいし、マックスでやっているんだから、夫は私を認めるだろうと考えて、**夫にやってほしいことを〝時間割〟にして見せました。**


男性は問題を可視化してあげると、すごく安心します。

だから、ママであるみなさんにもこれはオススメです。

　1日を24時間で割って、

「ここは子どものお迎えね。ここは〇〇ね。こんなに時間があるよね」

と言って、夫の時間にも余裕があるところを教えてあげるのです。


　そうすると、自分の時間もうまく使えるようになるし、仕事についても、

「**完璧にできなくてもいい**のよ。時間が食い込んでお客さまに迷惑をかけて、それでお客さまがイヤだって言うならば、縁がなかったんだと思えばいい」

というくらいに**ゆるく考えていれば、おおよそのことは割り切れるようになり、**やっ

ていけると思います。


大切にしたいものをまず明確にして、どこに時間を割いていくのかの優先順位をつける。そして、

「この時間だったら、動かせるよね」

というところを客観化した上で動かしていく――それが大事なんですね。


できない時間にやろうとするから、ストレスになる。

「そもそも、これはどうやっても無理だよね」

ということを、夫婦の間で確認することも重要です。

✦元巫女のMさん

私の知り合いに、まだ幼稚園児くらいの小さい子どもが二人いる起業家仲間がいます。

一人目の子どものときは、幼稚園に送り出すときにすごく泣かれ、

「私が起業したから、子どもに寂しい思いをさせているんじゃないか」
と、罪悪感でいっぱいだったそうです。

しかし、二人目の子どものときはケロッとしているので、

「二人目の子が寂しがり屋なのは、個性だったんだ」
と気づいて、気持ちがすごく楽になったと言っていました。

そう思えるようになってからは、彼女が家でＺＯＯＭを使っているときなども、子どもや仕事での対応に変化が――。

以前は、子どもが泣くと気になったり、騒ぐと叱ったり、画面の向こうの人にも「申し訳ない」という気持ちが強かったりしたそうですが、いまでは、**子どもが画面に入ってしまっても、**

「うちの子は、こんなに元気で～」
と、伝えられるようになったというのです。

子どもがいることを受け入れられて、さらに何事に対してもプラスに考えられるようになり……と、彼女のなかで、大きな変化が起きたんですね。私にとっても、とて

も印象的な話でした。

たしかに、仕事がこなれたママさんの場合、ZOOMをやると子どもが普通に映っていることがよくあります。けれども、苦労しているなって感じるママさんの場合は、子どもが映ることがない。そのあたりの**割り切りは大切**かもしれないですね。

今回の本書の座談会でも、ZOOM参加のママさんは、子どもたちがよく画面に出てきてしゃべっていました。外に出ることに慣れている人は、

「子どもは、映っているもんでしょ」

くらいの感じなんですね。

気にしすぎないことが大事だと思うのですが、**多くの人はまじめすぎて、「子どもがいるからって、人に迷惑をかけちゃいけない。ちゃんとしなきゃ」という意識が強いから、苦しくなってしまう**んですね。

✦折り紙アクセサリー指導のNさん

私はいま、折り紙でつくるアクセサリーの教室を開いています。

教室は、最初から「やるぞっ」という気持ちで始めたのではなく、

「人の集まりを、グチの言い合いではなく、楽しいものにするには、どうしたらいいんだろう?」

と思ったところからスタートしました。

試行錯誤しながら回数を増やしていくことで、生徒さんが増え、教室も大きくなっていった、という感じです。人が求めていることに応えていたら、だんだん仕事になっていったんです。

教室の規模が大きくなって、自分のキャパを超えてきたと感じたときにはさすがに、

「どうしよう?」

と思ったこともあります。でも、

「大変なのよ〜」

と、まわりにいる人に悩みを言って回って、助けを求める機会を少しずつ増やしていったんですね。

すると、彼女たちは専業主婦で家事しかしていなかったせいか、私がちょっと仕事のようなことを頼むと、ものすごく喜んでくれて……。そのことで、彼女たちも、外に出られる機会が少しずつ増えていったんです。

いまでは協力してくれる人も増えて、情報を交換し合いながら、楽しくやっています。夫もそんな私の様子をそばで見ていて、その真剣さにだんだん気づいていったようで、家事も手伝ってくれるようになりました。

はじめから確実に協力してくれるとわかっている人だけでなく、まわりで協力してくれそうな人に当たってみるというのは、大事ですね。

協力者が増えるということは、協力者同士で情報交換しながらの学びが、自然とできていくということでもあります。

元気に動き回っているソトママたちは、はたから見ると、全部自分一人で動かしているように見えますが、**実際にはいろんな人たちと助け合ったり、役割分担したりしています。**

だからソトママのまわりには、コミュニティーが自然と形成されているんですね。

家族とはきちんと話し合う

仕事や、やりたいことをうまく動かしていくには、家族、とくに一番身近な旦那さんの理解や協力が重要です。

とはいえ、旦那さんだって年齢や性格、職業などはまちまちで、みんながみんな家事や仕事を手伝ってくれるわけではありません。

ソトママのなかにも、旦那さんが「男性は外で働いて、女性は家を守る」という価値観のなかで育ってきた年代の人もいます。だから、理解はしてもらえるけれど、戦力にはならないこともあるようです。

たとえば、あるママ友から、

「夫は、ご飯をつくってくれるよ」

と聞いて、

「うちの夫もやってほしいな」

と思っても、現実にはむずかしいことも多いですよね。

自分がやりたいことのために、旦那さんにどうしてほしいのか、なにをしてほしいのか――それをきちんと考えて、夫婦で話し合うことは大切です。

〝夫婦のあるべき姿〟は、自然にできるものではなく、お互いにつくっていかなければならないのです。

ここでは、夫婦として、家族の一員として、理解し合う過程でどんなことがあったのか、ソトママの具体的な例を紹介しましょう。

✦学校法人理事のDさん

以前の私は、なにをするにも、とにかく自分だけでなんとかしようと思っていました。だから夫婦の間でも、夫が本当はどう思っているのかがわからないまま、自分だけがつらいんだと勝手に思い込んでいた時期があったんです。

いま、夫は私にとても協力的ですが、以前は、夫婦で仕事の話をしているときに、夫から、たとえば、

「でもそれって、君がやってもいい仕事じゃない？」

と言われると、私は、

「仕事でもっと結果を出さなきゃいけない、っていうことなんだ」

と理解し、つらくても寝ずに働くようにしていたんです。

でも、あるとき、

「前に私がデパートでご飯のおかずを買ってくると、たしか、あなた、イヤがっていたよね？」

と夫にたずねると、

「え？　言ってないよ。味がしょっぱいのは苦手とは言ったけど……」

という返事。以前の私には、夫の答えは「ＮＯ」と言っているようにしか聞こえなかっ

たのですが、よく聞いてみると、

「しょっぱいのはあんまり好きじゃないけど、君が仕事で大変なんだったら、それでもいいよって、答えたつもりだったんだよ」

とのこと……。ええっ!? 私を気遣ってくれていたの？


つまり、夫は自分の気持ちを言葉少なにしか言ってくれなかったし、私もそれ以上聞かなかったので、私は夫の言ったことを悪いほうに勘違いしていたんです！

こんな些細なことで、気持ちがすれ違って、一人でつらい思いをしていたなんて、私はなんという損な時間を過ごしていたことでしょう（笑）。


それからの私は、夫とコミュニケーションをしっかりとるようになりました。いまでは、

「私は本当はこうしたいの。あなたに迷惑をかけるかもしれないけど、協力してもらえる？」

と、言えるようになりました。

この相談の仕方は、とても効果的で、**期限を決めて話す**と、なおいいと思います。

男の人は、終わりが見えないと気持ちが悪いみたいなので。

たとえば、

「私は1年間だけ、こういうことをやってみたいの。その間は申し訳ないけど、家のことを協力してくれる?」

と言って、1年後にそれが少し進んだら、その時点でまた話し合うんです。

Dさんの場合は、夫婦間のコミュニケーションをきちんととることで、旦那さんに理解してもらえるようになりましたが、結果を出すことで理解してもらったという人もいます。

あるSNSのコミュニティーのなかで、ビジネスパートナーを組んで起業した元巫女のMさんは、最初は仕事で交流会に参加することについて、旦那さんの理解が得られなかったそうです。

交流会は夜に開催されることが多いので、帰宅が遅くなり、はじめはそのことで夫婦ゲンカが絶えず、すごく悩んでいました。

それが、**起業して立ち上げた事業の結果が、数字として出るようになったら、**旦那さんも、

「これだけがんばっているんだな」

「外で戦ってくれているんだな」

と、理解してくれるようになったといいます。

Mさん自身の思いや、事業に対する自信が伝わったということもあったのでしょう。

ある夜、帰りが遅くなったとき、

「すごくがんばっているんだね。気づけなくて、ごめんね」

と書かれた手紙が、そっと置かれていたそうです。

目標がはっきりしているとうまくいく

女性は、どちらかというと目標設定の苦手な人が多いようです。

「目標設定の大切さは知っているんですけど、どうやっていいかわかりません」

と言う人がよくいます。

では、どういうふうにすればいいのでしょうか？

学校法人理事のDさん

私のところに相談に来るママたちに、私はまず、

「あなたは、将来なにをしたいのですか？」

と質問して、その人の目指す像をはっきりしてもらいます。本人の意識のなかで、そのゴールを明確にしてもらうんですね。

そうすると、たとえば、

「私は1年後にお花の先生になり、そこから1カ月以内に生徒さん10人に来てもらいたい」

というような**目標が明らかになる**んです。それで、

「じゃあ、あなたはいま、なにができる?」

と、その人の**いま「やること」と「やれること」を時間で分けてみる**と、

「いま私は、○○をすると、ゴールにつながる」

という答えが見えてくるんです。そうしたら、

「ここの時間はこうなるから、旦那さんにここを協力してもらいたいよね」

というように、相談者と一緒にゴールを明確にし、そこまでのプロセスを設定していきます。

ひたすら努力しつづけるのは、誰にとってもしんどくて続かないもの。

「どこまで行けばゴールなのか」

「次はなにをすればいいのか」

そうしたステップが明確であればあるほど、努力はしやすくなります。

それは、努力がタスクに変わるからです。

タスクはこなしていけばクリアできるもので、その分だけ努力の量が見えるから、「あとは、これだけがんばればいいんだ！」と、乗り越えられるようになるのです。

〈自分軸〉をもつと動けるようになる

「〈自分軸〉をもつ」とは、簡単に言うと、**自分の個性をよくわかった上で、自分で納得しながら、次の行動を選んでいけること。**

これまで述べてきたように、みなさんが、

「なにか自分らしいことをしたい」

「外に出たい」

と思ったときには、この〈自分軸〉をもっていることが大切です。

でも、多くのウチママのように、家族や子どもを優先して生きてきた時間が長いと、本来もっていた〈自分軸〉を忘れてしまったり、なくしてしまっていたりすることが多々あります。

では、ソトママたちの場合、〈自分軸〉を確立できたきっかけはなんだったのでしょうか？

我慢していたことが溜まりに溜まって、「もうそろそろ動きたい」と思ったことも、その一つでしょうし、

「こういう人と出会って、自分の動きが加速した」

「子どもが小学生になって時間にゆとりができたから、動きはじめられた」

など、いろいろなきっかけがあります。

また、自分が属しているコミュニティーにいる人が、自分のやりたいことや自分らしさを徐々に見つけていった様子を目にすることもあるでしょう。

ここで、ソトママ自身やコミュニティーの人が、どのように〈自分軸〉を育てたのかを教えてもらいましょう。

✦女性起業家支援のLさん

私は以前、アパレルのデザイナーをやっていました。でもこの仕事は会社勤めでないとなかなかできない職種。

その上、私はパソコンなどの一般業務ができなかったので、自分で独立してアパレルデザインの会社を始めるのはものすごくむずかしかったのです。だから、まったく別の業種で起業しようと思いました。

そこで私はビジネススクールに通い、4年くらい**会社に勤めながら、副業として週末起業の形でイベント業を立ち上げました。**

そうしているうちに、イベントのボリュームがだんだん大きくなっていって、勤めていた会社の仕事とのバランスがとれなくなり、そのタイミングでそこを辞めて独立しました。

✦折り紙アクセサリー指導のNさん

私のところに来る人は、ものをつくることが好きで、なにかをやりたいという人が多いですね。

そこで私は、まずは本人が、

「ものづくりがどれだけ好きか」

ということを、具体的な話をしながら引き出していくんです。そして、

「それをどういうふうに、どんな形にするのか」

「最終的には、どんな自分になりたいのか」

ということまで話してもらうことで、**〝自分らしさ〟に気づいてもらう**んです。いつもそういうやり方を大切にしています。

たとえば、「つくることが好き」というところからスタートしてアクセサリーをつくると、次はそれを身につけたくなります。

⬅

⬇

身につけると、出かけてみようということになり、人に会う機会が増えます。

⬇

すると今度は、そのアクセサリーのことで人に声をかけられたり、褒められたりしますよね。

⬇

そうすると、

「私にも、つくってください」

と言われることも増えてくる。

こうしたことでマインドが上がって、いままでは家にこもっていたけれど、外に出るようになったとか、プチうつ状態だったのが、電車に乗れるようになったとか、おしゃれにまったく興味がなくてメイクもしなかった人が、するようになったとか……

と、**輝く人がたくさん出てきた**んです。

自分の活動のなかの出来事ではあるけれど、そのなかの一つでも誰かに認められると、うれしくなって、

「もっとがんばっていこうかな」

と思う人が出てくる。**人から肯定される度合いが高まっていくと、自分が自分を肯定する思いも加速していく**んですね。


最初は「アクセサリーをつくる」というほんの小さな一歩だったのが、外に向けてどんどん大きくなりながら、自分がつくったアクセサリーが「売れる」という、うれしい結果につながっていくわけです。


そうやって、人はさらに飛躍していけるんですね。そして、

「もっと自分らしく生きたい」

という活動を始める人が増えていくのです。

第4章

人生はケーキバイキング、もっとハッピーになろう！

かなえたい未来は人それぞれ。もっと好きに生きよう

やりたいことや将来の目的は、当たり前ですが、人によって違います。

これはもう、好みの世界ですよね。

「どうありたいか」に「こうあるべき」はありません。

好みを自分で見つけられるかどうかが大事だと思います。


幼稚園のママ友何人かで、昼間からワインパーティーをするのが幸せというママもいれば、バリバリ仕事をして、自分の事業の会員が増えていくのが生きがいという経営者ママもいます。クラフトを仲間と一緒にコツコツつくって、

「できた！　いいよね～」

と、喜びを分かち合えるのが最高というママもいる。

彼女たち誰もが幸せなんです。自分の自由な時間を獲得して、自分の意思で好きに使っている――それがソトママです。

かなえたい未来は人それぞれ違います。その上で、あなたが手に入れたいものはなんでしょう？　ここでは、ソトママの過去（結婚や出産前）と現在の状況を、アンケートで見てみましょう。

Before 会社員（スキンケア）
After 化粧品販売とカウンセリング

Before 会社員（アパレルデザイン）
After 女性の起業コンサルタント&女性起業家サポート

Before 会社員（建設会社の一般事務）
After 地産地消がテーマの野菜や地元の物産品販売&SNSを使ったPR

Before 幼稚園教諭
After 産科診療所内での産前産後から思春期・更年期までのサポート&短期大学非常勤講師

Before 会社員（住宅デザイン）
After クラフト制作（ジーニアスクラフトコーチ）

Before アルバイト
After ボランティア

Before 会社員（営業）
After 起業（教育・研修事業）&大学非常勤講師

Before 大学卒業後結婚して専業主婦
After フリーペーパー発行&イベント企画・開催

Before
After 会社員（大手自動車メーカー）
イメージコンサルタント

Before
After 会社員（総合商社の経理）
占い師・会計士

Before
After 病院勤務（理学療法士）
食生活の改善から始めるダイエット&スキンケアの指導

このビフォー&アフターを見てみると、以前と違うことをしている人が、まあ多いこと！　現在は、仕事や趣味を含めて、同時に複数のことをしている人がたくさんいることにも、あらためて気づきました。

みなさん、仕事や趣味を分け隔てなく楽しんでいるんですね。

ただ、前にも言いましたが、ドラマみたいに、

「今日から私、変わるわ！」

というのは、絶対にありません。みなさん試行錯誤しながら、少しずつ実現させているのです。

次に、ソトママが現在の自分を獲得するまでの話を、もう少し具体的に聞いてみましょう。

✦女性だけのビジネス交流会を主宰しているPさん

私は10年くらい専業主婦をしていて、子どもが生まれてからもずっとお母さんをしていました。その間は外に出られないので、5000円のミシンを買い、家で内職の〝手づくりママさん〟として、いろんなものをつくっていたんです。

すると近所の人にも子どもグッズが評判になって、けっこう売れるようになったんです。そして、

「バザーに出してよ」

と声がかかるようになり、お店のオーナーさんにも気に入ってもらい、品物を置かせ

てもらえるようになりました。

そうやって、外との接点が徐々に増えていくうちに、私も外で仕事をしてみようかなと思ったんです。でも、まともに勤めた経験がないので、就職活動はうまくいかず……。面接では必ず落とされていました。

それでも、そのときたまたま着物にはまっていたということもあって、着物屋さんでバイトをするご縁をいただいたんです。

そこでも私は着物の知識がないので、やれることといえば展示会の集客くらい。でも、私はそこで開眼したんです——人を呼べたんですね。私のまわりに、着物ファンがたくさん集まってきたんですよ。

そのうち、集客だけじゃ物足りなくなって、「着物着よう会」を開くことに。そこでは、着物を着て歌舞伎を観に行ったり、いろんなイベントを企画したりしました。

その結果、

「やっぱり私にできることは、集客かな」

と、確信するようになったんです。

そうしたら、みなさん意外と集客に困っていることに気がついて、ママの起業家さんにマーケットを提供する、いまの仕事をやることになったのです。


Pさんの場合は、5000円のミシンで始めた内職が評判になり、そこから行動半径を少しずつ広げていったんですね。

そして、**成功体験が積み重なることで、自分の得意なことが見えてきました。**

得意なことって、自分では案外わかっていないもの。だから、**とりあえずは興味をもったものから始めてみる、というのが大事**ですね。

✦着物の着付け・日本語教師のQさん

結婚前は、IT企業の営業職、結婚後から出産までは、資格をとって日本語学校や着物店に勤めていました。

子どもが生まれてからは、夫が多忙だったため、子育てに追われて、身体的、精神的に余裕がなくなっていました。視野も狭くなっていて、子ども以外には、目があまりいかなくなっていたと思います。

子育ての間は、

「いまできないことが多いのは、仕方がない」

と、無理に自分を納得させようとしていました。でも、仕事から離れてキャリアがなくなり、スキルが劣化するという不安もあって、**なにもできないおばさんになっていくのかという絶望感**をもっていました。

あのときは、自信をもって自分が「できる!」と言えるものがほしかった。自分のための時間もほしかったし、自分のために努力がしたかったのです。

若さやキャリアなど、失うことばかりに目がいき、自信がなくなるのがイヤでした。同時に、「専業主婦として生きる私」が当たり前のように思っている夫との関係性も、改善したかった。

そのため、まずは夫と話し合いました。すごくイヤがられましたけど。

それからは、**ママ友たちと自分の得意なことを教え合う会を始めた**んです。それをきっかけに、ママ友とさらに仲良くなって、彼女たちに褒められることで、自信も少しずつよみがえっていきました。

また、そのころからダイエットや美容にも関心が出てきて、外に出るモチベーションに。これは成果が出たので、子どもにも褒められました。

そうこうしているうちに、いろいろな人に会うことが増え、自分の知らないことをやっている人の話に刺激を受けることも。自分の会話の引き出しと、やりたいことが増えていく実感がありました。

「できること」「やりたいこと」を人に話すと、人を紹介してくれたり、仕事の話がくるようになったりしたんです。

そして、着物の着付けを再開したとき、技術やセンスを認められたことで、

「私にも、できることがある！」

「私のスキルで、お金を稼げる！」

と思えたことが、いまに至る原動力です。

家族のための自分ではなく、「自分のための自分」も、もち合わせていいんだと思えるようになりました。

あなたが「なにもない」と感じているところの景色は、いつまで経ってもなにもないままなんです。

だから行動してみて、見える景色を変えてみることは、とても大切なこと。

Qさんの場合も、行動することで世界が広がり、モチベーションも上がっていき、成功体験をしながら徐々にチャンスを見つけていけた、とてもいい例ですね。

ソトママのコミュニティーが楽しそうなワケ

〝自由〟という名の羽を得た女性＝ソトママは、一匹狼のように見えても、ほとんどがコミュニティーをつくっています。実はこのコミュニティーは、男性と女性では、集まる動機や、組織内の人と人との関係が大きく異なるんです。

男性のコミュニティー＝組織は、利害関係や師弟関係、一国一城の主のもとでの主従関係による御恩と奉公の世界。つまり「条件」の必要なタテ社会なんですね。

集まっている理由が「ヒトありき」ではあっても、この場合、その中心にいる人物＝ヒトの人柄や考え方に共感できるということではなく、「そのヒトからなにが得られるか」ということなんです。

こうした男性のコミュニティーは枠組みが明確で、はっきりと「〇〇コミュニティー」と名乗っています。人が集まるための旗が必要なんですね。そして、その旗を立てるために、またその大義名分となる「なにか」が必要となる。

だから、**極論を言えば、男性の場合、条件さえ整えればいいので、動かすことはそんなにむずかしくない**んです。

これに対して、**女性が中心にいるコミュニティーは、人の関係がゆるやかで、その女性を囲む応援団となっていることが多い**ですね。メンバーは、男性のように「なにが得られるか」ではなく、

「中心に○○さんがいるから」

という理由で集まっている。**つまり、本当の意味での「ヒトありき」**なんです。

実際に女性のまわりに集まった人たちを見ると、友人であり、ファンであって、彼女たちは、

「応援したいし、楽しいから一緒にいるんです」

と、口を揃えて言います。男性の組織のように、条件的でもなければ、タテ社会でも

なく、お友だちのつながりなのです。ヨコでつながった、助け合う仲間という感じでしょうか。

余談になりますが、女性のコミュニティーが崩壊してしまうのは、この「ヨコ」でつながっているはずの人間関係を、「タテ」や「条件」に切り替えようとするから。**会社組織のなかで女性が生きづらさを感じるのは、彼女たちの気持ちだけでなく〝あり方〟をくまずに、条件で縛るから**なんですね。

また、女性のコミュニティーには、はっきりと「〇〇コミュニティー」と名乗っていないところが多くあります。男性の組織と違って、気持ちに寄り添って集まっているから、旗は必要ないのです。

ここでまた極論を言えば、こうした**「人への気持ちの共感」で動く女性を相手に、男性的な発想の「条件」などのロジックで動かそうとしても、絶対に無理。**女性の場合、いくら条件をよくしても、動きたくないときは、テコでも動きませんものね。

コミュニティー（組織）を構成しているメンバーの関係性も、男性と女性とでは異なります。男性のコミュニティーは、ほとんどが上下関係。ヨコはあまりありません。あったとしても、少数の場合ですね。組織内のポジションも、「役割」というより、上下を示す「階層」のニュアンスが重要です。

一方、女性、ソトママたちのコミュニティーでは、そのなかでの**ポジションは「役割」でしかなく、上下を示すものではないことが多い**ですよね。男性のように、条件による関係ではないからこそ、

「ちょっと、コレ、いいわよ〜」

という、おせっかいもたくさんできるんです。

誰かにお願いをしたいときも、無理に要求すると関係性が壊れてしまうから、

「助けて！」

とは言うけれど、相手に強制はしない。だから、ほどよい距離感が保たれるのです。男性のように、いきなり肩を組んだりしないからこそ、みんなで集まることを楽しめ

るし、幸せを分け合えるし、なにかいいものがあったら、お裾分けできるんですね。

女性の場合は、「幸せのシェア」が生まれやすい関係なんだと思います。ヨコでつながっているので、お互いを認め合えるし、自分の存在意義も見いだしやすい。**「自分の個性」が社会に根ざしていると、素直に感じられる**のです。

だから女性は、コミュニティーで楽しそうに活動できているんだと思います。男性の私から見ると、こんなに幸せなことはないなと、うらやましく感じます。

ソトママは、そんな幸せのつながりであるコミュニティーを自然に形成して、自分の世界を楽しく広げていっているんですね。

✦元CAのインフルエンサーRさん

SNSで情報発信をしていると、レストランなどの食事やレセプションなどの招待がよくあるんです。そういうところに参加していると、友だちも増えて、お互いに、

「今度こういうのがあるんだけど、どう？」

って、紹介し合うんです。私のところにきた話も必ず、

「お友だちも、紹介していいですか？」

と、相手企業の担当の方に言います。

自分だけ得をして「ラッキー！」というのではなく、人をたくさんつなげて広げていくことが、いい機会をつくると思っています。

そういう橋渡しができるのが、楽しいですね。

ウチママ時代は、「自分」という存在ではなく、「作業者」としての存在意義しか感じられなかった。それが外に出て、自分の価値を認められて、「ありがとう」と言われたりすることで、自分にもそんな意義があったんだと感じるんですね。

ソトママとは、自分の意思で動いて、

「生きていて幸せ！」

と言えるものがある人のことだと思います。

それを感じられるようになったきっかけや目的は、それぞれ違います。でも、**最終的にはみんな、つながりを広げ、そこで構築できたコミュニティーで、幸せを実感できる**んですね。

このことは、アンケートの結果からもよく理解できます。

アンケート❶

――あなたにとって、外に出て楽しいことって、なんですか？

- たくさんの人と交流ができて、自分のキャパの幅が広がる。
- ある程度自由にお金が使えるので、夫にそのつど相談しなくてもいい。
- 夫や家族以外に頼れる人がいる。
- 家族とは行かない場所への旅行や楽しみを分かち合える。
- 人生とは、家庭のなかにいることだけじゃないということに、あらためて気づく。
- ママ友以外の人とかかわることで、いろいろな価値観があることを知る。

- 出会い、対話からの気づき。社会とのつながり。
- ジャンルも年代も性別も違う人たちとの交流。
- 大好きな仕事ができることで、幸せを感じる。
- 仲間と会う、話す、笑う、食べる、遊ぶ。
- さまざまな人と触れ合うことで新しい価値観に出会える。

つながって広がる世界観から得られる新しい価値が、たくさんのハッピーをつくっている——。

幸せを感じられない環境でジーッと待っていても、「いいこと」はやってきません。外に出て、環境を変えることで、みなさんがハッピーを引き寄せているんですね！

アンケート❷

——もっと幸せになるために、どういうことをしようと思っていますか？

- 社会貢献。仕事以外の場所での役割を果たしていきたい。

◉もっとたくさんの人の健康に貢献していくこと。

◉海外への進出と、子どもとたくさん遊ぶための資産形成。

◉仲間の夢の実現、ビジネス規模の拡大。

◉経済的に自立し、性別や年齢を超えた人間同士の対等な関係性を築く。

◉楽しいことを楽しい仲間たちと分かち合って生きていく。

◉家族や、自分から半径1メートル以内にいる人たちの笑顔が増えるように過ごしたい。

◉多くの女性に、美容の力で「幸せ」と思ってもらえるような、ヘアメイクの力をわかってもらう。

◉私が仕事やプライベートで学んだことを、多くの人に伝えて、幸せになれた秘訣をお裾分けしたい。

◉時間をつくって自分の外見磨きをする。


「人間は社会的な生き物」と、よく言われていますが、アンケート結果を見ても、女性は〝誰かのため〟を素直に考えられて、すてきですね。時代の流れに調和しながら生きているのだな、と実感します。

みんなの幸せを考えることが、自分の幸せになるって、すばらしいですよね。

その点、男性は刹那的なんです。よく言えば純粋、言葉を選ばずに言えば、単純なんです（笑）。「出世したい」「金持ちになりたい」と、自分の目先のことしか考えていない人が多い。

現実に目を向ければ、もっと大きな社会の命題があるのだから、男性も変化して役に立たなきゃいけないのにな、って思います。

座談会でソトママたちに、これからどうしたいかを聞いてみると、

「自分の世界を広げたい」

という答えが返ってきます。

それは、たとえばコミュニティーの会員数や儲けを増やすといった物理的なことではなく、**「自分とはなにか？」を追究して、その〝自分らしさ〟の密度を濃くしてい**

くことなんですね。**自分の世界を広げることで、幸せが増大することを直感的に理解しているの**でしょう。

ただ、いまの社会の組織という点から見ると、ママたちが「自分らしさ」を感じやすい組織のあり方は、男性とはだいぶ違うんです。

たとえば、組織の基本的な構成人数を考えたとき、「人が直接かかわれる人間関係は30人」という説があります。それによると、30人を超えると、組織の動きが鈍くなるので、それ以上に人数が増えた場合は、30人ごとのユニットにしていきます。だから、〇〇支部というのをつくるんですね。

ここで男性目線でママの組織を見ると、おもしろいのは、ママが小規模ユニットをつくるときは、トップはそこにあまり干渉しないこと。あるのは組織共通の大義や判断基準だけで、細かいスタンスなどは、ユニット独自のルールを認めて、それぞれに任せるんです。

ママたちは仕事に関して、基本的にまじめで自主性があります。なので**気持ちよく働けると、この性質がいい方向に機能して、組織としてはちゃんと統制がとれるようになる。そうなると、パフォーマンスが落ちるどころか、いい結果が出るし、ママ自身も自分らしく動けて、幸せなんです。**

たとえば、学生時代の掃除の時間を思い出してもらうと、たしかに女性がやることは、きっちりしていましたよね。

男性の組織で女性の場合と同じことをすると、統制がとれずにダレてしまい、パフォーマンスもガタ落ち。男性は基本的にふまじめなんですね。だからすぐに怠けます。逐一管理が必要なくらいです。

再び学生時代の掃除を思い出してもらうと、男子はすぐにサボって遊ぼうとしましたよね。だから、この世の中には、マニュアル社会が蔓延しているんでしょうね。

また、男性のリーダーは、そもそも100人とか200人でも統率したくなる生き物で、○○支部というのをつくっても、上からの一つのルールで動かすことを考える。

○○支部というのは、単なる区分けでしかないんです。

いまの時代を見ると、これまでの男性社会がさまざまな場面で崩壊しつつあり、ママたちの活躍がより求められるようになってきています。

そんななか、ママたちが求めるマネジメントは、これまでの男性社会のものとは大きく異なります。

働きやすいと感じられるマネジメントがなされているかどうか――それを確認することが、これから外に出たいと思っているウチママたちにとっての、後悔しない動き方のポイントの一つとなるでしょう。

大丈夫、無理しないで少しずつ羽ばたけばいい

ここで、ソトママたちからの、過去の自分と同じ境遇にあるウチママたちへのメッセージを紹介します。

知っている世界だけで生きていると、そこしか知らない自分になるけれど、その外にはもっともっと知らない世界がたくさんあって、ずっと楽しい人生が送れますよ！　〝知らないことさえ知らない自分〟に、気づいてください。

いきなり起業なんてしなくていいと思うんです。稼げるか稼げないかではなく、人と比べず、自分のペースでやるのが大切で、あなたのやりたいことを少しずつでも形にしていくのがいいと思います。

なにをやりたいのかがわからない人には、それを掘り下げていくために時間を使

うことをオススメします。

一人でがんばらなくていいよ。得意じゃないことは、誰かに頼ってね。そのかわり、自分が得意なことを人に提供すれば、お互いにハッピー！
そして、無理はしないこと。疲れたら眠ること、栄養をとること。家族も大切だけれど、まずは自分を一番大切にしてね。

あなたが幸せなことが、まわりを幸せにします。
「こうじゃなきゃ、いけない」という考えは手放そう。人は誰もが完璧ではないのだから、許し合いの気持ちが大切。日々が忙しくても、本当の気持ちを伝え合おうね。

あなたはあなたで大丈夫。心のなかの〝想い〟を言葉にして、一歩踏み出してみなければ、なにも変わらない。
あなたのしたい未来につなげるためにも、勇気を出して、いまできることからチャレンジしてみよう！

焦る必要はありません。なにもしていない自分に、がっかりすることもあるかもしれませんが、ベストなタイミングは、きっとやってきます。ウチママ時代に培ったものは、のちに必ず活きてきます。いまあるものを存分に楽しんで！

考えているだけではなにも変わらないので、思い立ったらまず行動してみること。年齢であきらめず、努力してみることが大切です。

急に大きなことをしなくてもいい。いきなりお金にならなくてもいい。ボランティアや地域・学校などの役員を引き受けてみるなど、小さな行動を積み重ねることが大切。
失敗や挫折をしたら、そこから学びを得て、自分が好きなこと、得意なことに活かして再チャレンジ！

「こうするべき、こうあるべき」は、いったん脇に置いておこう。とくにいまの新型コロナウイルスは、いい意味で、そういった当たり前と思っていたことや前提を、すべてぶっ壊してくれているから。

人生は一度きり。好きなように生きよう！


ママだからって、やりたいことをあきらめないで！

ママはパワフルな存在だから、なんでもできる！

いまの自分を否定せず、

「いまは、こういう時期！」

「これも、必要な時間！」

「私は、よくやっている！」

と、自分を認めて褒めてほしい。

「やるべき、やらなければ」

と思っていることが、本当にそうなのかを見直してみて。

他人の言葉に一喜一憂しない。自分を責めない。家族と感情的にならず、話し合いをする（とくに夫）。子どものことは、自分の責任と思いすぎないで。

「できない」と思わないで、まずやってみて、むずかしければやめればいいだけ。失敗や、うまくいかないことがあっても、「ダメだ」と思いすぎないこと。自分のためになにかをすることに、罪悪感をもたないで！

子どもがいるとママのできないことが増える、というわけではないんですよね。むしろ世界が広がって、できることが増えるんです。

「子どものこの一瞬は、いましかないから」
と、自分のことより子どものために一生懸命なママが日本には多いですね。でも、ママにとっても、この一瞬はいましかないんです。
子どもが幼稚園に入ったら……、小学校に入ったら……、大きくなったら……って思っているうちに、あっという間に数年が過ぎてしまいます。その年月は、いろんなことができる貴重な時間。
その時間を、どうか自分のためにも使ってほしいと思います。チャレンジしたい
ことがあれば、小さなことからどんどん挑戦していってください。
そんなママを、子どもはきっと、
「ママがんばれ！　カッコいい！」
って、応援してくれると思います。

あなたの人生はケーキバイキング

ママだけど、子どもや旦那さんのためだけじゃなく、自分の人生をちゃんと生きているソトママは、みんな声を揃えて、

「大変なことは、そりゃあ、あるけど、楽しいことがいっぱい！」

と笑顔で言います。

たとえば、

「私って、こういう人なんだ」

と、自分のある面に気づけたことも一つの価値なんですね。

外に出てみたことでマインドが変化するのもそうですし、旦那さんが仕事で遅く帰ってくることにイライラしていたのが、自分が仕事を始めてみると、理解できるようになったりする。

自分が動きはじめることで、それまでとは見える景色が変わってきたり、コミュニケーションが濃くなってきたりしていくんです。そして、友だちも増えていきます。

ソトママたちの進化はさまざまです。だからこそ、**ソトママたちのいまの姿は、みなさんの背中を押す〝勇気〟**となってくれることでしょう。

ここでは、

「外の世界には、楽しいことがあるよ！」

「友だちと出かけるのは、とても楽しいよ！」

「私なんか、インフルエンサーになって、こんなことを楽しんでますよ！」

と、ソトママになって進化した〝いまの姿〟を聞いてみましょう。

✦病院で産後ママ支援をしているSさん

私はかつて体重が90キログラムくらいあったのですが、ダイエットに成功して、いまはその情報をSNSに投稿しています。産後ママの支援では、食事の内容を整えることを伝えています。

自分のダイエットもそうですが、子どもになにを食べさせていいのかわからない人や、家族をもっと健康にしてあげたいという人が多いんです。

私が1歳半の子どもがいながら働いているのを見て、

「私も、そうやって働いてみたいです」

「自信をもって、子どもに食事を出せるようになりました」

と言ってもらうことが、とても増えました。


いまの仕事では、ママたちが少しバージョンアップするだけで、別の幸せもあるんだということに気づいてもらえる喜びがありますね。

以前は、お母さん＝地味な服を着て、髪の毛もボサボサで、っていうのが当たり前でした。でも、本当はそうじゃないんですよね。

「私ももっとキレイになりたい」

と思っている。だから、

「まわりの目も気になるし、産後太ってしまい、着たい洋服が着れないし、子どももいるし……」

って、なにもかもあきらめていた人でも、私がちょっと手助けするだけで、

「私も痩せて、こういう服を着たい」

「夫との関係性を、昔のように戻したい」

と、ステップアップした夢がもてるようになる。それがとてもうれしいです。

✦看護師でインフルエンサーのTさん

私はインスタを始めて、フォロワーが8000人くらいに増えてきたころから、いろんな仕事の案件が舞い込むようになりました。

それもいろんなジャンルにわたるようになって、通常なら会えないような人にも、たくさん会えましたね。情報発信をしていくことで、無料でさまざまなサービスを受けられたりするのも楽しいです。

たとえば、温泉旅行での宿泊や高級焼肉屋さんでの食事、エステやヘアサロンなどを無料で体験できたりしています。

私自身、それまではあまり自信がなくて、インスタをアップするのも控えめだったんです。でも、慣れてくると楽しくなって、自信も出てきました。

人に会って、しゃべるのが大好きなんです。

✦一級建築士のBさん

私は新卒で情報システム会社に就職したのち、設計事務所に転職したんです。それは、建築・設計・デザイン系の会社にCAD（コンピューターでの設計支援ツール）が入りはじめたころでした。

転職した会社では、CADを扱える人がいなかったので、コンピューターに強い私が、CADからパソコンのメンテナンスまでを担当することになりました。

いまはその経験を活かして、CADの使い方をママに教える事業をしています。これは子どもがいても、家でできる仕事ですから。

そうしたなか、最近思っていることがあります。それは、まわりのママたちに、

「いま、なにしてるの？」

って言うと、仕事の内容を聞いているつもりなのに、

「時短で働いている」

っていう答えがよく返ってくるんです。みなさん、結婚や出産前は職業を答えていたと思うのですが、なぜかママになると、

「週に、○回働いている」

という働き方などの条件の話になってしまう……。

それはきっと、ママたちは仕事の内容ではなく、時間の長さで判断したり評価されたりしてしまっているからですよね。仕事の内容で自分を表現するんじゃなくて、労働力で表現しているようで、悲しいなと思います。

だから、いま私のやりたいことは、

「私はこういう仕事をしています」

「職業は○○です」

と、自信をもって言える、すてきなママを増やすこと。働くママたちのお手伝いをし

たいと思っています。

✦スキンケア商品の開発・販売をしているUさん

外で自分の好きな仕事をしていると、お客さまに感謝され、やりがいを感じます。また、喜んでいただいた対価として報酬を受けるのも、もちろんうれしいです。子どもたちや夫と一緒にいられる時間は限られていますが、仕事で得た満足感のおかげで、メリハリをもって家族とも楽しい時間を過ごせています。

仕事ではそれなりの報酬をもらっているので、子どもたちに最善と思える教育をしっかりと受けさせることもできています。また、季節ごとに家族で旅行に出かけ、リフレッシュできているのも、とてもうれしいですね。

ソトママといっても十人十色。幸せの形は人それぞれ。ゴールの設定には、違いがあっていい、ということですね。無理する必要もありません。

すごい目標を立てることが重要ではないのです。**自分が満足できるゴールを、無理せずに設定することが大切**です。

まずは小さなゴールを設定して、クリアしてみましょう。小さなことでも、成功体験から自信をもつことができるようになるんですから。

でも、**ゴールを設定する必要すらないかもしれませんね。これまでしていなかった行動をとりあえずしてみて、気づいていなかった世界を知るだけでも、大きな一歩。**

そのくらいから始めるのでいいんです。

「自分らしさ」は、だんだんと見つけていくものなのですから。

いまのあなたがどんな状態にあっても、未来の可能性や選択肢はたくさんあります。試してみてダメだったら、別のものを選べばいい。人生はケーキバイキングのようなものなのです。

さあ、あなたは、どんなケーキを選びますか？

本書の協力ママ一覧
（あいうえお順）

浅海鈴音（恋愛・結婚コンサルタント）
あまね（アマネセールコンサルティング代表）
飯田優子（㈱KIRAGRACE代表取締役、女性起業家ビジネスパートナー）
石川彩加（ECアパレルサイト運営、ECアパレルコンサルタント）
植吉紘子（骨格ボディメイクトレーナー）
氏家由子（セラピストスクール経営、プロデューサー）
臼井久美子（ハイクラス女子交流会）
Emitan（インフルエンサー）
大塲かおり（大塲かおりBodyActive代表）
大山美和（ネクストステージコンサルティング代表）
岡本ユキ（女神♡フェスタ代表、ヒプノセラピー＆ローズ蒸しサロンオーナー）
神山かえで（MODERN DECO代表）
河合ゆうこ（起業＆ライフコーチ）
きくたにけいこ（一級建築士、防災士、防災教育ファシリテーター）
岸千鶴（きもの写真家、数秘鑑定士）
岸洋子（くのいちアドミニストレーター）
草薙まや（㈱リスター代表取締役）
楠田かよ（３色の絵の具で子どもの才能がみるみる開花するお家シュタイナーアカデミー主宰）
倉田麻理（ウェルネスライフコーチ）
こばやしまみ（ダイエットコーチ）
近藤久美子（SNS在宅ワーカー）
近藤洋子（㈳日本女性起業家支援協会代表理事、日本ママ起業家大学学長）
斎藤みづえ
（ZOOMで地方在住女子会主催）
さわだかな（親子サロンMotherNature's Son（マザネ）店主）
サンシャインマキ
（アットホーム留学プロデューサー）
下地くにこ（㈳ウーマンズキャリアプロデュース協会代表）
高橋千尋
（子育てママの情報誌Laugh!代表）
高橋奈緒（女性事業者専門プラットフォーム代表）
永嶋泰子（はたらく美学道主宰）
中村僚子（結婚アドバイザー）
西中綾乃（日本ロザフィ協会会長、美乃花倶楽部代表）
久留さと子（トライリンガルインフルエンサー、通訳講師）
福島由美（㈱由美プロ代表取締役、青山学院大学非常勤講師）
ふくざわちなつ（e-waldorf IDEAL講師、発達カウンセラー）
堀口裕子（素肌美容家）
増渕聡子
（ITコンサルタント、着物スタイリスト）
宮崎雅子（みんなのハブ空港）
むねとうじゅんこ
（Child woman family supporter）
村井友起子（ジーニアスクラフトコーチ）
村上奈菜（Ms.Earth International 2019 世界大会グランプリ）
山﨑みゆき
（理学療法士、ダイエットコーチ）
夕刊マダム（ブロガー）
吉武麻子（タイムコーディネーター）
渡辺そら（トータル美容コーディネーター、美容師）
渡井莉那
（バランスボールインストラクター）
和田みゆき（みゆ木塾塾長）

〈著者プロフィール〉
松本 ゆうや（まつもと ゆうや）
昭和61年、滋賀県生まれ。実業家・公認会計士。監査法人及びコンサルティングファームを経て平成28年9月に独立。コミュニティーのプラットフォームとして激戦区である新宿で60席の飲食店をオープンし、オーナーシェフとして切り盛りしながらコンサルティング事業や広告代理店事業を経営。事業の一貫で働くママたちと多数かかわるようになり、ママの社会課題に気づく。ソーシャルビジネスとして、マーケティングプラットフォーム兼ブログ記事メディア「ソトママ」を立ち上げて編集長を務める。

❖ ソトママの活動に興味を持たれた方は、下記にアクセスしてみてください。
きっとハッピー情報が見つかります。
☞ ソトママブログ〈https://sotomama.net/〉

〈本文デザイン・DTP〉
ユニバーサル・パブリシング株式会社

自分らしくなれる「ソトママ」
幸せなママの新しいカタチ

令和2年(2020) 9月29日　第1刷発行

著　者　松本 ゆうや
発行所　株式会社　1万年堂出版
〒101-0052　東京都千代田区神田小川町2-4-20-5F
電話　03-3518-2126
FAX　03-3518-2127
https://www.10000nen.com/
製　作　1万年堂ライフ
印刷所　凸版印刷株式会社

ISBN978-4-86626-063-1　C0030